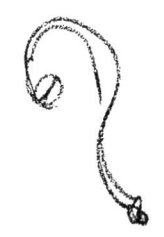

不腦殘科學

PanSci泛科學網專欄作者群 著

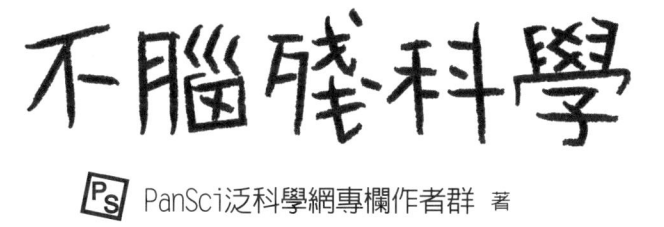

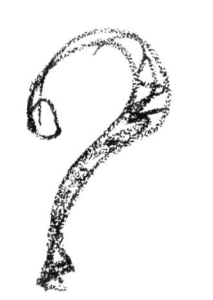

【推薦序】

普羅科學素人說

台大物理系暨天文物理所教授／吳俊輝

在二〇一三年「泛科學」（PanSci）所舉辦的第一屆年會上，我於應邀的開場演講中，即已公開極力推薦這個年輕而充滿活力的網路平台。我一直認為它將會是台灣網路科普的新未來，它將如同當天與我同台的姬十三在中國所創辦的科學松鼠會及果殼網一般，遲早會執台灣甚至華人市場之牛耳。為何我會如此看好他們？這本書大致給了初步的答案。

若要具體地評析泛科學的實力，其一便是年輕活力的發揮，其二則是社群科技的善用，其三就是追根究柢、就事論事、引經據典的科學精神。我在開幕演講中的感嘆之一，便是當今科研、科教與科普的過度威權化，因此已隱約出現所謂的當道主流，而讓科學的參與越顯狹隘。泛科學所談的大多是攸關民生或與你我相關的普羅問題，這些問題其實早有豐富的參考文獻，只要秉持理性、用心查察即可找到答案，而不需要動用到科學界的金頭腦。依著相同的脈絡，本書除了賦有所謂「流言終結者」的精神外，更探討了一些離我們很近、卻常被我們忽略的議題，像是腦科學、睡眠、聽覺、視覺，甚至性等等，每一則專文都扣著我們的心弦，會讓人如著魔般不停地讀下去。過程中，你將不知不覺地被科學化。

和泛科學長期以來的特色一樣，本書打破了名牌的迷思，創建了科學的普羅價值。本書的作者群大多是素人，但寫出來的文章卻一樣具有說服力，因為他們講的不是自己的判斷和意見，而是整理出前人的智慧結晶以供讀者參考。我們常說「看一分證據說一分話」，說多了會變「偽名嘴」，少說了則變「真學者」（因為學者們常要看很多分的證據才敢說一分話），而這群作者則是不折不扣的科學人，具有科學素養的素人，看一分學者的證據說一分話。有意思！

我從不認為網路或電子書能完全取代紙本書，就像 e-mail 雖已盛行約二十載，固然帶來了無比的便利與效率，但卻始終無法取代紙本信箋的誠懇與威信。因此，在泛科學這個網路平台蓄勢待發之際，很高興也能看到他們實體書的發行，箇中智慧令人佩服。

最後再多言兩句，其實我寫這篇推薦序，並非幫本書的科學內容背書，而是極力肯定他們處理普羅科學的另類精神！我們不需要名牌，更不需要名嘴，我們需要的只是一顆健康的科學心，有了它便能找到生活中大小問題的解答。我想泛科學和這本書做了很好的示範，讓我們一起為他們喝采！

【關於作者】

Christine

本名蔡佳樺，學經歷：輔仁大學營養科學系學士畢業、中華民國營養師高等考試及格、糖尿病合格衛教師、曾任國小駐校團膳營養師，目前任職於藥品及保健食品進口商，擔任產品經理，「營養共筆」成員。

dr. i

本名劉辰岫，從小腦中就裝滿了問不完的問題，長大後開始喜歡回答問題。高中至英國讀書，畢業於英國倫敦帝國大學物理系，隨後在德國德勒斯登工業大學取得物理博士學位。在歐洲旅居十二年後於二〇〇九年回到台灣，現在投身科技藝術的創作以及科學知識的傳播。他深信科學是種文化，除了實用也可以拿來欣賞。

現任：國立台灣師範大學物理系兼任助理教授、人嶼科技藝術實驗室 Legacy Lab International 負責人；曾任：經濟部國家標準技術委員、工業技術研究院研究員、德國馬克斯・浦朗克研究院（Max-Planck Institute）博士後研究員、法國國家科學院（CNRS）客座研究員。

Sammi

本名汪育珊，學經歷：中國醫藥大學畢業、中華民國營養師高等考試及格，現為學校營養師，「營養共筆」成員。

Sidney

本名江奕賢，學經歷：中國醫藥大學畢業、中華民國營養師高等考試及格，現為保健食品原料產品經理，「營養共筆」創立者。

白映俞

一九八一年生，二〇〇六年畢業於成功大學並進入外科醫師訓練，二〇一〇年成為外科專科醫師。喜愛閱讀、寫作及運動，長期經營《外科失樂園》網站，書寫醫療、歷史、心理相關的科普散文，文章發表於《PanSci 泛科學》及《商業周刊》專欄部落格。與家中的四歲女兒以同學相稱。

著作：二〇一二《醫療崩壞！沒有醫師救命的時代》貓頭鷹出版（合著）、二〇一三《護理崩壞！醫療難民潮來襲》貓頭鷹出版（合著）、二〇一三《小女子的專長是開膛——我的外科女醫之路》貓頭鷹出版。

Facebook 粉絲專頁：https://www.facebook.com/BookyGirl

電子信箱：bookygirl1981@gmail.com

陸子鈞

PanSci 編輯兼專欄作者。生物學領域畢業，是個興趣廣泛科宅，喜歡在早上喝咖啡配科學新聞，克制不了跟別人分享生物故事的衝動。

蔡宇哲

高雄醫學大學心理學系助理教授，泛科學科普網站「我睡故我在」專欄作者。喜愛心理學，也喜歡分享心理學。希望可以把象牙塔裡的東西搬出來曬一曬讓大家瞧瞧。

劉育志

筆名小志志，一九七八年生，是外科醫師，也是網路宅男。於《皇冠雜誌》與《蘋果日報》撰寫專欄，文章發表在《PanSci 泛科學》及《商業周刊》專欄部落格。

著作：二〇〇七《外科失樂園》平裝本出版、二〇一二《刀下人間》時報文化出版、二〇一二《醫療崩壞！沒有醫師救命的時代》貓頭鷹出版（合著）、二〇一二《醫療崩壞！烏托邦的實現與幻滅》華成出版、二〇一三《公主病，沒藥醫！》華成出版、二〇一三《護理崩壞！醫療難民潮來襲》貓頭鷹出版（合著）、二〇一三《臺灣的病人最幸福》台灣商務出版、二〇一三《刀下人間》盛大文學出版（簡體版）。

網誌：《外科失樂園》http://www.ChihChih.net

Facebook 粉絲專頁：http://www.facebook.com/chihchihworld

電子信箱：ChihChihWorld@gmail.com

謝承志

中央大學認知神經科學碩士。理科人、文科心，浸泡在閱讀、書寫、旅遊、戲劇……各領域，全身充滿分享的熱情。

目錄 CONTENTS

吃巧克力可以贏得諾貝爾獎？——飲食篇

01．菜單上標示卡路里，有利減肥嗎？　014
02．餓的時候別去採購食物？　016
03．含糖飲料讓人憂鬱？　019
04．吃巧克力可以贏得諾貝爾獎？　021
05．吃黑巧克力比白巧克力健康？　023
06．補充葡萄糖胺對骨質疏鬆有效嗎？　026
07．肥胖的兒童容易受食品標籤誘惑？　032
08．習慣會讓人不知不覺吃多了難吃的食物？　034
09．高熱量食物，越餓時看起來越好吃？　037
10．大麥克漢堡會引發過敏？　039

失戀的疼痛有多痛？——兩性篇

11．好爸爸的睪固酮濃度比較低？　042
12．為什麼會有晨勃？　044
13．為什麼會有夫妻臉？　046
14．有胸毛的男人更具異性吸引力？　050
15．男性低沉嗓音讓女性印象深刻？　052
16．失戀的疼痛有多痛？　054
17．愛情是一種靈藥？　057
18．性欲可以減緩噁心的感覺？　058
19．色情圖片讓男人容易衝動？　060
20．你眼中的美女只是個花瓶？　062

母子連心是真的嗎？——親子篇

21．父母壓力大，孩子容易肥胖？　066
22．家裡有養寵物的寶寶比較健康？　068

23・孩子多往戶外跑，能減少近視風險？　070
24・懷孕時，一人吃兩人補？　072
25・母子連心是真的嗎？　076

為什麼手指遇水會皺起來？——身體篇

26・如何擊退腹部脂肪？　078
27・在大自然行走，讓你靈光乍現？　083
28・為什麼常常感到疲倦？　085
29・血型會影響心臟病的罹患風險？　088
30・不運動與抽菸一樣致命？　090
31・乳房攝影可以檢測出乳癌？　093
32・看頭髮就知道輪班工作壓力大？　101
33・按摩有助於舒緩痠痛？　103
34・染髮會不會致癌？　105
35・除了血型，人類有「菌型」？　108
36・「無線人工視網膜」拯救你的惡視力？　110
37・運動讓注意力更集中？　112
38・為什麼手指遇水會皺起來？　114
39・手淫有害健康嗎？　116
40・專注於音樂中可緩解疼痛？　120

人為什麼愛看八卦新聞？——大腦篇

41・腦科學家告訴你，為何你的數學學不好？　124
42・工作努不努力，和大腦結構有關？　126
43・學習外語，可以提升腦力？　128
44・如何評估一個人的可信度？　130
45・創業家、冒險者的腦部活動與眾不同？　133
46・人為什麼常常會忘東忘西？　135
47・大腦有預測香味的能力？　139

48・長期背痛和腦有關？ 141
49・人為什麼愛看八卦新聞？ 143
50・經常運動會讓你反應變快？ 147

酒喝太多，都是杯子的錯？——新奇篇

51・用曾雅妮的球桿，你也能成為運動高手？ 152
52・靈異照片中的臉是真的嗎？ 154
53・「愛愛」可以舒緩頭痛？ 156
54・酒喝太多，都是杯子的錯？ 158
55・什麼樣的台詞令人印象深刻？ 160
56・付出時間，給你更多時間？ 162
57・水鑽不是鑽石也不是水晶？ 164
58・二十秒看出對方有沒有好人基因？ 166
59・如何看出魔術師的破綻？ 168
60・人們習於「以毛取貓」？ 170
61・為什麼人有兩個鼻孔？ 172
62・動物懂得欣賞音樂嗎？ 174
63・看重播節目可以幫助恢復精力？ 177
64・小狗會受到主人打哈欠傳染？ 179

為什麼我們排斥和陌生人同坐？——心理篇

65・表情可以判讀一個人的內心狀態嗎？ 184
66・恍神之後會有好點子？ 187
67・冥想有助於工作？ 189
68・網路上的話不可信？ 191
69・面試前，先想好擺什麼 POSE? 195
70・握手可以增加信任感？ 201
71・皮質醇能阻斷恐懼？ 204
72・經濟蕭條時，存得多還是花得多？ 206

73・「可愛」帶給你專心的力量？　208
74・未來很近，過去很遠？　210
75・分享的快樂，兒時就知道？　212
76・食物記憶有助於減肥？　214
77・為什麼我們排斥與陌生人同坐？　216
78・人從嬰兒時期就有種族偏見？　219
79・好音樂可以拉近彼此的距離？　221
80・人為何會以貌取人？　223
81・要專心還是多做白日夢？　225
82・好奇心提升學業成績？　235
83・回憶往事讓人們感到心頭暖？　237
84・道歉並不如心理預期的有效？　239

想要贏球就要睡飽？——睡眠篇
85・在睡夢中能保有自我意識？　242
86・充足睡眠可以降低肥胖的基因影響力？　244
87・孤獨感與睡眠品質不佳有關？　246
88・睡眠有助於整合腦中的資訊？　248
89・睡眠不足使你魅力大減？　250
90・飲酒可以幫助睡眠嗎？　252
91・開燈睡覺，越睡越憂鬱？　254
92・睡眠充足可減緩疼痛？　256
93・午睡有助於幼兒情緒穩定？　258
94・睡眠不足使得食欲增加？　260
95・想要贏球就要睡飽？　262
96・一邊睡覺一邊複習有用嗎？　264
97・睡眠時數過短與認知功能受損有關？　266
98・社會性時差讓你變胖？　268
99・無肉令人瘦，但少睡令人胖？　270

吃巧克力
可以贏得諾貝爾獎？
——飲食篇

01 菜單上標示卡路里，有利減肥嗎？

◎ Sidney

倘若你知道得走兩小時的路才能消耗掉一個漢堡的卡路里，你會因此吃少一點嗎？

這答案可能是肯定的！因為有研究發現，如果在菜單上的食物旁標示出其卡路里所需的運動消耗時間的話，或許能發揮「嚇阻」的效果，讓人們少吃一點。這項研究中，在菜單上標示出的運動消耗時間是以「走路」為換算基準，而會以此活動來換算的原因在於走路是大多數人們能力可及且最常做的運動。

這項研究準備了三份菜單，分別是沒有標示卡路里、標示卡路里以及標示消耗卡路里所需的活動時間，並隨機讓三百位十八至三十歲的人使用這些菜單點菜。

最後的結果相當有趣，拿到標示消耗熱量所需時間菜單的人，整體熱量的攝取確實減少了；而拿另外兩份

菜單的人（有標示熱量與沒標示熱量），就沒什麼差別。

也就是說，人們對於卡路里的數字其實是沒有什麼概念的，不知道當下這些數字吃入體內代表的意義，因此當我們進一步把它轉換成活動消耗時間後，人們就能知道吃下這些食物後，身體究竟得付出什麼代價才能消耗掉，並以此去衡量自己要吃多少食物。

然而要注意的是，這個研究僅對年輕男女來說是有用的，並沒辦法概括超過三十歲的人，因此研究者表示，未來將會更進一步調查年紀較長與更多不同類型的族群。

參考文獻：

● *Federation of American Societies for Experimental Biology*, news release, April 23, 2013.

02 餓的時候別去採購食物？

◎ Sidney

你是否發現肚子餓的時候去逛大賣場，會讓你買一大堆你其實吃不完的食物呢？箇中原因很可能是當你肚子很餓的時候，身體會自動切換成生存模式，而在這個時候去大賣場買東西可不是一件好事。研究發現，在這當下，你會不由自主地購買高卡路里食物而不自知。

康乃爾大學食物與品牌實驗室（Food and Brand Lab）的研究發現，這樣的行為所帶來的影響不僅在於當下那一餐，更會讓你之後幾天的好幾餐都得吃下當時所買的高熱量食物。

從研究中觀察得知，飢餓的人確實會在大賣場買更多的高熱量食物，因為飢餓時，人的腦子會不由自主地渴求高卡路里食物，身體知道它們能夠帶來更多的能量。所以，如果你在肚子餓的時候去大賣場採購食物，那麼下場就是會讓你或你的家人，在接下來的幾天內都得吃你當時所買回來的高熱量食物。

該研究把糖果、鹹式點心與紅肉等食物都視為高熱量食物；水果、蔬菜與雞胸肉則被歸類為低卡路里的食物。事實上，我們的身體分不清楚故意節食和真的飢餓之間有什麼差別，也不知道在現在這個時代，人們一天二十四小時都很容易取得食物，根本就不會有「飢餓」的困擾。這也意味著人類身體的進化跟不上農業或是科技的速度，它還停留在過去——人類得努力覓食才有得吃，不然就得餓肚子。

正因為如此，當我們餓著了，生存本能並不知道哪時候還有下一餐可吃，於是將身體切換成「有得吃就盡量吃，並且挑熱量高的食物下手」的生存模式。這個複雜的防禦反應能同時影響生理與心理狀態，因此當你開始找尋並且吃東西時，身體本能會指引你找尋高卡路里食物，並且開始囤貨，以備不時之需。

為了證實這個觀點，康乃爾大學的研究者做了以下兩個實驗：

第一個實驗告訴參與者，開始進入研究之前的五小時不要吃任何東西。

實驗開始前，研究者會給六十八位參與者中一部分的人小餅乾止飢，接著讓他們在模擬的線上商店購物，結果發現飢餓的人會有挑選高卡路里食物購買的傾向。

而第二個實驗則是實際購物研究，追蹤八十二

位去大賣場購物的人。這些人會被隨機安排在一天當中最餓或最飽的時候去買東西，結果發現肚子餓的人會買比較多高卡路里的食物。

這些研究帶來什麼樣的訊息呢？

如果你想要順利減肥，那麼第一步就是不要節食，特別是忽略一餐不吃。這種方法會激起你的生存本能，強化你對吃東西的欲望，一旦你受不了、破功了，不僅會多吃東西，還會挑高卡路里的食物下手。而且，減重會伴隨著基礎代謝率的下降，然後你吃的又是高熱量食物，體重很快就會回復原形的。

請記住一件事情，減重沒有捷徑，只有規律飲食、吃得健康，還有保持良好的運動習慣才能成功。

參考文獻：

● Tal, Aner, Brian Wansink, "Fattening Fasting: Hungry Grocery Shoppers Buy More Calories, Not More Food", *JAMA internal medicine* (2013): 1-2.

03 含糖飲料讓人憂鬱？

◎Sammi

喝下含糖飲料會使人憂鬱？想必這是大家難以想像的事情。有一項研究測試了將近二十六萬四千位超過五十歲的人，一開始先調查他們喝飲料的習慣（包括喝含糖或含代糖的蘇打水、果汁或含糖冰茶等）和詳細的飲食習慣，再觀察約十年，看看這群人是否曾被診斷為憂鬱症。

此項研究是由國家衛生部、國家環境健康科學研究所和美國國家癌症研究所主持的，研究結果發表在聖地牙哥的美國神經病學會第六十五次年會，不過目前仍只是初步研究，待有更完整的資料與數據後才會正式發表於醫學雜誌。

研究結果顯示，每天喝四罐或四杯含人工代糖蘇打水的人，比起沒有喝的人，罹患憂鬱症的風險高出30％；若是喝一般含糖飲料的人則是高出22％，可見人工代糖飲料似乎比含糖飲料誘發憂鬱症的風險更高；而喝咖啡的人，則可以降低10％罹患憂鬱症的風險。也就是說，不管你喝含糖或含代糖的飲料，都可能會增加憂鬱的風險，而喝咖啡則可以降低這個風險。

研究結果建議，若想要降低罹患憂鬱症的風險，可以減少飲用含糖飲料或是用無糖飲料來取代，但憂鬱症患者仍需遵照醫囑。這項研究只是個開端，憂鬱症與人體內生化機制的關係尚不清楚，但確定的是，有越來越多的研究顯示，人工代糖飲料對人體有不好的影響。

有一位神經病學專家 Kenneth M. Heilman 在看到這份研究結果時，其實並不認同飲用含糖飲料會增加人們罹患憂鬱症的風險，他表示：「憂鬱症病患渴望甜食」比「含糖飲料造成憂鬱症」的研究證據更多，而且這些證據也說明，憂鬱症患者或是罹患憂鬱症高風險的人，會尋求含糖飲料或食物來自我慰藉。但你永遠不知道，究竟是愛吃甜食造成憂鬱症，或者是憂鬱症引起人愛吃甜食。

「含糖的食物、飲料」對每個人有不同的意義與作用，心情好時吃糖可以更快樂，心情不好時吃糖可以得到慰藉，經痛時吃糖可以緩解，壓力大時吃糖可以放鬆，低血糖時吃糖可以得到活力……理由各有不同，但目的都是讓自己更舒服，因此只要不過度「嗜甜飲食」，糖對身體與心靈還是有益處的。

要特別注意的是，有些人愛吃糖卻怕胖，選擇用人工代糖取代天然的糖，這下子不但沒減到肥，反倒對健康有害。套句廣告詞「天然ㄟ尚好」！我們要盡量吃食物原來的樣子，可以選擇吃蘋果就不要吃蘋果派、可以選擇吃鮮魚就不要吃魚丸、可以選擇吃蝦子就不要吃蝦餃，這才是健康之道。

參考文獻：

● American Academy of Neurology 65th Annual Meeting, San Diego, March 16-23, 2013.

04 吃巧克力可以贏得諾貝爾獎？

◎ Sidney

「吃巧克力可以贏得諾貝爾獎？」這聽起來很瞎，不過有篇發表在新英格蘭醫學期刊的研究卻認為這可能是個還不錯的建議。研究發現，吃最多巧克力的國家，該國平均得到諾貝爾獎的人數最多。

至於為什麼會有這樣的研究呢？其構想是來自於數個研究證實——有些抗氧化物能改善我們的思考能力！例如可可與巧克力中含有豐富的黃烷醇（類黃酮化合物的成員之一），而綠茶與紅酒中也含有這些抗氧化物。

最近的研究發現，黃烷醇能逆轉因年紀增加而導致的思考能力衰退；有些研究者也發現，黃酮類化合物能改善腦部血流，而這亦或許有助於思考。

由於吃巧克力已經被證實能改善成年人的思考能力，所以它或許也能對所有人產生相同的作用。但因為沒有所有國家人們的智力資料，於是研究者們就只好以諾貝爾獎的得獎人數作為不同族群的腦力指標。

研究列出截至二〇一一年十月為止，總共二十二個國家的諾貝爾獎得主的平均數排名，並比較這些國家的人民的每年平均巧克力攝取量。結果顯示，每個國家的巧克力攝取量與諾貝爾獎的產生數呈現非常令人驚訝的相關性：巧克力吃越多的國家，諾貝爾獎的得主也越多！而在瑞士，不管是巧克力攝取量還是諾貝爾獎贏家數，全都拔得頭籌。

根據估計，一個國家只要每人每年多吃差不多一磅（約四百五十四公克）的巧克力，就能讓這個國家增加一位諾貝爾獎得主。以美國為例，只要全國一年多吃兩億七千五百萬磅的巧克力，就能抱回一座諾貝爾獎。

當然，我們不能光憑這個研究就下定論，還需要更多調查才能完全證實巧克力中的黃酮類化合物是否真有增強腦力的作用。

參考文獻：

● Messerli FH, et al., “Chocolate and Your Health”, *N Engl J Med* 367.16 (2012): 1562-4.

05 吃黑巧克力比白巧克力健康？

◎ Sidney

二〇一二年，聖地牙哥所舉辦的 Experimental Biology 醫學研討會上，有個研究提出「要吃就吃黑巧克力，白巧克力的效果可能不大」這個看法。

該研究比較的巧克力是沒有添加可可脂的白巧克力，與可可含量70％的黑巧克力。可可脂當中對健康有好處的成分是黃酮醇（flavonols），該類化合物具有抗氧化及抗發炎的特性。

研究者還讓含70％可可的黑巧克力經過高溫融化後再冷卻，想看看經過這樣過程的黑巧克力，是否依然具有對健康有益的作用。

研究團隊讓三十一位男性與女性，每天吃下約四十八公克的黑巧克力、白巧克力或經過融化再硬化的黑巧克力，並且連續吃十五天。在研究開始前後，研究團隊會測量所有人的血壓、血糖以及膽固醇。

結果發現，與吃白巧克力的人相比，吃另外兩種巧克力的人：

● 血糖較低

- ＬＤＬ膽固醇獲得改善（壞的膽固醇濃度較低）
- ＨＤＬ膽固醇獲得改善（好的膽固醇濃度較高）

然而，不管是吃哪種巧克力，在血壓的部分並沒有觀察到顯著的差異。至於為何吃黑巧克力有助穩定血糖？有可能是它所含有的抗氧化物能幫助身體更有效率地利用胰島素來控制血糖，因此自然而然地就能降血糖了。與吃白巧克力的人相比，吃黑巧克力的人的壞膽固醇降低了約20％，而吃黑巧克力的人血液中的好膽固醇，則比吃白巧克力的人多了約20％。

研究同時還發現，白巧克力會讓肌膚血流變慢（肌膚血流是一種測量血管功能的方法），不過由於結果不是很明顯，因此不足以下定論。其實現在已經有些研究發現呼應了此項結果，而白巧克力讓肌膚血流變慢的事實倒是很新鮮的新訊息。

為了維持健康，人們應該盡量避免吃含有較多脂肪與糖，以及不含抗氧化物的白巧克力。如果你擔心融化後再硬化的巧克力吃起來會沒有效果，那麼從這個研究結果來看，你似乎不需要再擔心這件事情。

另外，關於黑巧克力降血壓的作用，已有不少參考文獻提出看法，至於這個研究無法呈現出黑巧克力對血壓的作用，很可能是因為它的研究規模太小所導致。而該研究在ＬＤＬ減少以及ＨＤＬ增加的結果上，則與過去的研究結果是一致的。

比較意外的發現是，黑巧克力在穩定血糖上也有所幫助。然而，儘管黑巧克力對健康有如此大的好處，但還是必須注意別吃太多，適量就好，畢竟它的熱量也是相當可觀的。

參考文獻：

● Experimental Biology 2012, San Diego, April 21-25, 2012.

06 補充葡萄糖胺對骨質疏鬆有效嗎？

◎劉育志、白映俞

葡萄糖胺近年來被強大宣導成「送禮自用兩相宜」的「孝親聖品」，在國人愛用的保健食品中僅次於維他命。它有許多的商品名稱，其中以「維骨〇」的大名最為響亮，在廣告的強力放送之下，成功地把孩子的孝心與家中長者的健康完美地結合在一起。電視廣告中的一句「乎你ㄎㄨˋ落，爬起！」（蹲下，站起來！），讓社會大眾對它的學名glucosamine——也就是葡萄糖胺，並不陌生。

二十年的巨大誤會

大概是「維骨〇」的名號太響亮，後續不同廠牌推出的硬骨力、強力骨等，都讓人誤認為葡萄糖胺是補充骨質疏鬆的「聖品」，因此也就在有意無意的塑造之下，成就了這一個延續了二十多年的巨大誤會。為此，很多人只要懷疑自己骨質疏鬆，都會要求醫師開立「維骨〇」，甚至許多筋骨痠痛的患者，也都以為「維骨〇」會有療效。

其實，葡萄糖胺跟骨頭一點關係都沒有。葡萄糖胺是生成關節軟骨重要成分的前驅物，補充葡萄糖胺或許能帶來重建軟骨構造的好處、減緩關節活動時所造成的疼痛和傷害，因而會被用來減緩關節炎的症狀。所以，首先要請各位務必記得，「維骨〇」並不能讓骨頭變得更強健。

葡萄糖胺是我們體內會自己合成的產物，幾乎存在於所有體內的組織中，尤其在軟骨裡的含量最多。葡萄糖胺有幾種不同形式，分別為葡萄糖胺硫酸鹽、葡萄糖胺鹽酸鹽和N－乙醯基葡萄醣胺等，許多研究會針對不同形式的葡萄糖胺做研究，也有些廠牌會宣稱除了自己的特殊配方有效之外，其餘形態皆無效用。

「維骨〇」之類的藥物是屬於葡萄糖胺硫酸鹽，而近年來所流行的喝的葡萄糖胺液，則是葡萄糖胺鹽酸鹽。僅有少數實驗認為或許這些葡萄糖胺的功效都差不多，但目前只有葡萄糖胺硫酸鹽被列在「對關節炎可能有療效」的地位，其他兩者皆無。

治療關節炎的功效

關於葡萄糖胺的研究很多，所發表的功效也差異很大。因為功效差異大，於是有學者試圖找出造成不同結果的原因，因而發現只要是由廠商贊助的研究，較會說葡萄糖胺有效，但在獨立研究中，葡萄糖胺就幾乎看不到效果。這讓我們能夠清楚理解這是門大生意，而且是一門相當龐大的生意，全球每年有數十億美元的營業額。

附帶一提，也有人想用葡萄糖胺治療馬兒的關節炎，目前也看不到可稱為有效的根據。

根據《新英格蘭醫學期刊》的大型研究，探討一千五百八十三個膝關節退化性關節炎的病人，能否因每天服用一千五百毫克葡萄糖胺，或一千兩百毫克軟骨素而改善。研究結果發現，單獨服用葡萄糖胺或是軟骨素的話，是無法減輕膝關節疼痛的，只有並用葡萄糖胺及軟骨素，才有可能會減輕一些中重度膝關節疼痛病人的不適。也就是說，這對日常保健膝關節、沒有症狀，甚至只是輕微症狀的人是沒有幫助的。

《英國醫學雜誌》在二〇一〇年的大規模統合分析研究中直接這樣下結論：「葡萄糖胺、軟骨素及兩者並用時，對減少關節疼痛的效果及對窄化關節的影響均不比安慰劑來得好。健康管理單位及保險業者不應該支付這些品項，同時不應該鼓勵尚未接受這些補充劑的病人嘗試這些品項。」

可能的副作用

這是個看來安全無害的療法，但其效果甚至不比安慰劑效果來得好。在美國，葡萄糖胺不是被批准的藥物，僅視為膳食添加劑來管理，因為沒有顯著的副作用，所以在美國也是熱銷產品，讓大家吃個心安而已。然而，有人越吃越多，吃過頭之後，就有研究發現過量的葡萄糖胺可能會破壞胰臟細胞，引發糖尿病的危險。另外，葡萄糖胺硫酸鹽製品中，還會添加鈉鹽和鉀，常帶來鈉鹽含量過多的問題，對高齡的消費者也可能帶來一些副作用。

在一份針對一千二百零八位病人的研究中，發現葡萄糖胺最常見的副作用是上腹痛占3.5％，胃食道逆流占2.7％，腹瀉占2.5％。另外，有些零星的病例報告亦顯示，葡萄糖胺會加重氣喘，造成過敏，或加重抗凝血劑（Coumadin）效果等副作用。

最後，關於葡萄糖胺的要點，幫各位做一段整理：

葡萄糖胺是什麼？

- 葡萄糖胺是關節軟骨重要成分的前驅物。
- 有人認為補充葡萄糖胺或許能帶來重建軟骨構造的好處，可以減緩關節炎的症狀。
- 葡萄糖胺和骨頭的健康並不相干，和骨質疏鬆也沒有關係。

葡萄糖胺有功效嗎？

- 對退化性膝關節炎：效用頗受爭議，目前多數研究顯示效用並不比安慰劑好。
- 對風濕性關節炎：研究有限，也無法確定效用。

葡萄糖胺的副作用為何？

- 常見的副作用：上腹痛、胃食道逆流、腹瀉、嘔吐。
- 嚴重或少見的副作用：學理上有可能會出現過敏。

葡萄糖胺可能的交互作用有哪些？

- 學理上會降低糖尿病藥物的效用。
- 可能會增加抗凝血劑的效果，而較容易出血。

葡萄糖胺在使用上需要很小心的人有哪些？

- 對海鮮過敏的人。
- 正在使用抗凝血劑的人。
- 正在使用糖尿病藥物的人。
- 有氣喘病史的人。

參考文獻：

- Qiu GX, Weng XS, Zhang K, et al., "A multi-central, randomized, controlled clinical trial of glucosamine hydrochloride/sulfate in the treatment of knee osteoarthritis [in Chinese]", *Zhonghua Yi Xue Za Zhi*, 2005;85(43):3067–3070.
- Vlad SC, LaValley MP, McAlindon TE, et al., "Glucosamine for pain in osteoarthritis: why do trial results differ? " *Arthritis Rheum*, 2007 Jul;56(7):2267-77.
- Pearson W, Lindinger M, "Low quality of evidence for glucosamine-based nutraceuticals in equine

joint disease: review of in vivo studies", *Equine Vet J*, 2009 Sep;41(7):706-12.

● Clegg DO, Reda DJ, Harris CL, et al., "Glucosamine, chondroitin sulfate, and the two in combination for painful knee osteoarthritis", *N Engl J Med*, 2006 Feb 23;354(8):795-808.

● Simon Wandel, Peter Ju¨ni, Britta Tendal, et al., "Effects of glucosamine, chondroitin, or placebo in patients with osteoarthritis of hip or knee: network meta-analysis", *BMJ*, 2010;341:c4675.

● Stephen Dahmera, Robert M. Schiller, "Glucosamine", *Am Fam Physician*, 2008 Aug 15;78(4):471-476.

● Lafontaine-Lacasse M, Doré G, Picard F., "Hexosamines stimulate apoptosis by altering SIRT1 action and levels in rodent pancreatic β-cells", *J Endocrinol*, 2011 Jan;208(1):41-9, Epub 2010 Oct 5.

● Tapadinhas MJ, Rivera IC, Bignamini AA, "Oral glucosamine sulphate in the management of arthrosis: report on a multi-centre open investigation in Portugal", *Pharmatherapeutica*, 1982;3(3):157–168.

07 肥胖的兒童容易受食品標籤誘惑？

◎蔡宇哲、廖藝芸

現在兒童的發育越來越好，父母對於孩子的照顧也更加用心，這原是好事，但我們卻發現兒童的肥胖比率也越來越高。因此，現代父母不是要讓孩子「努力加餐飯」，而是要控制飲食，不能把孩子養太胖。在幫助孩子控制飲食時，除了在食物上做調整外，也需要幫他們做一些行為上的改變才會有較佳的效果，像是幫助孩子提升自制力等等。一篇發表於《兒科期刊》（*The Journal of Pediatrics*）的研究指出：肥胖兒童在看到食品標籤時，大腦活動情形就表現出比一般兒童更想吃的欲望，且自制力也相對較差。

密蘇里大學堪薩斯分校（University of Missouri, Kansas City）的布魯斯（Amanda S. Bruce）博士想要了解肥胖兒童是否比較容易受到食物誘惑，因此他與研究團隊找來十名年齡範圍介於十至十四歲之間的肥胖兒童和一般兒童，給這些孩子觀看六十種食品或非食品商標，同時利用功能性磁振造影來觀察他們的大腦活動，了解在看到食品商標時，哪些腦區會有特別的反應。此外，還請孩子填寫自我控制相關問卷，以了解個別的自制程度。

結果發現，孩子們在看到食品商標時會誘發與食物動機、獎賞有關的大腦區域，包括前額葉皮質、邊緣系統，還有側緣皮質。而且肥胖兒童在看到食品類商標時，大腦中的獎賞區會比一般兒童要更加活躍，顯示他們對該食物的確有較高的渴望。而一般兒童在看到食品類商標時，腦中自我節制相關的腦區則會比肥胖兒童來得活躍，這表示體重標準的兒童較有自制力，更能去抗拒內心對於食物的渴望。

看來，肥胖兒童比一般兒童更容易受到食品廣告的影響，除了是食物對他們有比較大的吸引力之外，對於食物的自制力也比較差。因此我們要幫忙他們控制體重時，除了控制食物，也需要讓肥胖兒童提高自制力，降低他們看到食物就欲罷不能的渴望，這樣子不僅對於他們的健康有利，也更容易減肥成功。

參考文獻：

● Amanda S. Bruce et al., “Brain Responses to Food Logos in Obese and Healthy Weight Children”, *Journal of Pediatrics*, 2012 DOI: 10.1016/j.jpeds.2012.10.003.

08 習慣會讓人不知不覺吃多了難吃的食物？

◎蔡宇哲、林韋愷

你在看電影時總是會順道買一桶爆米花嗎？或者窩在沙發上看電視時，桌上總是擺著零食或餅乾？有趣的是，就算我們嘴裡吃的東西不好吃，我們依舊會有同樣的飲食習慣，有研究便提供了一些簡單的方法，可以幫助我們調整這種飲食習慣。

研究人員調查即將要進入電影院的人是否有邊看邊吃爆米花的習慣，接著所有人都會獲得一桶爆米花，不過這爆米花有可能是熱騰騰剛出爐的，也有可能是放了一個禮拜已經冷掉的，等電影結束後再看他們個別吃掉了多少。

結果那些看電影沒有吃爆米花習慣的人，吃不新鮮爆米花的數量比新鮮的要來得少，也就是說因為不新鮮的爆米花不好吃，所以他們就不喜歡吃，而吃得較少。但有吃爆米花習慣的人就不是這樣了，他們不管新不新鮮都吃了大約同量的爆米花，所以在處於熟悉的進食模式（看電影吃爆米花）時，好吃與否其實並沒有太大差別，反正就是要吃就對了。

人們常說「習慣成自然」，確實，當生活中很多行為已經成為習慣時，行為與環境就產生了連結，以至於一接觸到該環境就很容易會誘發出特定行為來，而這樣的行為發生並未經過太多大腦思考就會去進行。

既然人們的習慣行為與環境息息相關，那麼改變環境是否會改變既定的飲食行為呢？另一個實驗情境是讓參與者在會議室中看電影並且同樣提供爆米花，以避開電影院這個習慣的環境。結果發現在會議室裡看電影時，爆米花好吃與否就成了很重要的因素——無論是否有邊看電影邊吃爆米花的習慣，只要爆米花不新鮮，他們就會吃得少，新鮮的就會吃得多。看來一旦跳出了電影院這個熟悉環境，吃爆米花這個習慣就可以被控制住，不至於會毫不思索地進食。因此建議想要控制飲食的人，要盡量脫離原本大吃大喝的環境，以避免在該環境中不自覺地過量進食。

但話又說回來，想要控制飲食減重的人多半是在自家進食，總不能為了節食而重新裝潢甚至搬家吧？除了脫離環境之外，是否還有簡單的方法可以幫助想控制飲食的人們呢？在另一個電影院實驗中，研究人員測試了一個簡單的飲食行為打斷方法——規定他們以非慣用手拿爆米花來吃！測試結果發現，即使是習慣邊看電影邊吃爆米花的人，他們所吃的量，整體而言都減少了，也比較不吃不新鮮的爆米花。看來，做個小改變，改以非慣用手來進食就可以改變飲食習慣，注意到自己的飲食行為而不會吃了太多不好吃或不該吃的食物。

所以，想減重或控制飲食的人們，盡量不要待在原本過量飲食的環境才可以避免重蹈覆轍。然而若是無法改變環境時，另一個簡單的方法就是換個不習慣的方式進食，比方說不拿筷子改用叉子，或是換另一隻手拿筷子，這點小變動將使你更注意到進食量，而不至於會吃下過多食物了。

參考文獻：

● Neal DT, Wood W, Wu M, Kurlander D, "The pull of the past: when do habits persist despite conflict with motives?", *Pers Soc Psychol Bull*, 2011 Nov;37(11):1428-37. doi: 10.1177/0146167211419863.

09 高熱量食物，越餓時看起來越好吃？

◎蔡宇哲、田詠瑄

當走在美食街或食品賣場時，要是肚子正餓的話，就會覺得所有高熱量食物都好想買來吃，但若是不餓時，就會覺得那些食物沒有吸引力。正嘗試節食減重的人，在經歷了一段時間的飲食控制後，會覺得生活中看到許多食物都非常可口，於是乎想吃的欲望就越來越高，要壓抑住不吃也就變得更加困難，最後終於有一天忍不住就大吃了一頓。

是什麼原因導致我們控制食欲那麼困難呢？原來這一切都與大腦和血糖濃度有關。由腦照影的研究顯示，當體內血糖濃度下降時，大腦中調節情緒和衝動的部位會減弱對高熱量食物欲望的克制力。

當人處於飢餓狀態下，大腦中掌控進食的區域——下視丘（hypothalamus）就會變得活躍，連帶其他像腦島（insula）、紋狀體（striatum）等都會變得較活躍，因此誘發了「吃」的欲望。而當進食後，大腦前額葉皮質（perfrontal cortex）就逐漸變得活躍，讓人慢慢恢復理性而不再會看到就想吃。

這樣的狀態變化是透過何種物質來調控的呢？耶魯大學研究團隊認為應該是透過體內的血糖濃度變化，於是他們以靜脈注射葡萄糖的方式來控制參與者的血糖濃度，並用功能性磁振造影來觀察當他們看到高熱量、低熱量和非食物圖片情境時，大腦各區域活躍程度及變化的情形。

結果就如上段所述：當血糖濃度低下時，下視丘、紋狀體……等這些腦區就會較為活躍，會對高熱量食物有特別大的反應；而血糖高時，前額葉就會較活躍，對食物就較沒有興趣。不過有趣的是，胖子在提高血糖後，大腦前額葉的活動卻沒有明顯增強，這也就是說，就算他們吃飽了，抑制食物欲望的能力也是較差的。

透過這個研究結果，我們可以理解為何利用節食來減重多半會失敗，主要是因為吃太少會使血糖過低，進而使得難以克制食物的誘惑，最後終於受不了大吃一番，以至於前功盡棄。因此減重時還是需要適度進食以維持血糖濃度，不然大腦可是會聲聲呼喚你快吃東西的。

如果你正在節食中卻被受邀到宴會場合時，與會前先吃點食物提高自己的血糖吧！這能幫助你不被宴會上的高熱量食物所誘惑，而吃下過量的食物。

參考文獻：

● Page KA, Seo D, Belfort-DeAguiar R, Lacadie C, Dzuira J, Naik S, Amarnath S, Constable RT, Sherwin RS, Sinha R, "Circulating glucose levels modulate neural control of desire for high-calorie foods in humans", *J Clin Invest*, 2011 Oct;121(10):4161-9. doi: 10.1172/JCI57873.

10 大麥克漢堡會引發過敏？

◎陸子鈞

大麥克漢堡、玉米穀片對身處已開發社會的居民來說很常見，這也許能解釋為什麼比起農業社會的居民，他們更容易受病原的侵擾、免疫失調還有罹患腸胃炎。有研究指出，住在非洲農業社會的人，體內有較健康的微生物菌落組成，而這樣的組成有助於他們抵抗開發中國家常見的腸道疾病。

人類的腸道裡居住了無數的微生物，這些微生物幫助我們消化及代謝所吃的食物，並協助免疫系統辨識病原體，保護我們免於罹患腸道疾病。人類的祖先在歷史上不斷改變飲食習慣，腸道裡的「居民」也跟著改變——大約一萬年前，可以分解大量纖維食物的共生菌，而在農業及畜牧出現後，被能夠消化動物蛋白質、醣類及澱粉的菌種所取代。可以說，現代公共衛生及醫療技術的發展，讓我們面對不同於過去的菌種，而科學家假設，公共衛生和飲食結構的改變，使得已開發國家的人民較容易感染腸道疾病及過胖。

義大利的醫師萊奧內迪（Paolo Lionetti）和團隊比較西非 Burkina Faso 村落，以及義大利的健康小孩糞便中的微生物組成。非洲小孩平常飲食中含有較高的纖維及較低脂肪，可以反映出農業社會初期的飲食狀況；義大利的小孩則攝取一般西式的飲食，如漢堡等，而這些食物通常含有較少的纖維和較高的動物蛋白質、醣類、澱粉還有脂肪。

結果顯示，西非的小孩有較多種類的腸道菌，而義大利的小孩又特別少厚壁菌門（Firmicute）的菌種。過去的研究指出，有較多菌種但較少 Firmicute 菌種的人，傾向精瘦的體格；相反的組成則可能導致過胖。

此外，研究人員又從西非的小孩糞便中，找到了 *Prevotella*、*Xylanibacter* 和 *Treponema* 三種菌種，這些菌種善於分解纖維並產生能夠提供能量的短鏈脂肪。過去也有研究指出，短鏈脂肪可以使腸道免於發炎，這或許可以解釋為什麼食物中含有高纖的非洲社區裡，很少聽到有人得到這類的腸道疾病。

萊奧內迪認為，增加腸內微生物的多樣性可以使免疫系統在辨識抗原時，較能對抗腸道裡的病原體，並減少過敏原。這項研究顯示了食物如何影響微生物的組成，專家建議可以改變一般的西方飲食習慣，使我們的身體更健康。

參考文獻：

● De Filippo, C., Cavalieri, D., Di Paola, M., Ramazzotti, M., Poullet, J. B., Massart, S., ... & Lionetti, P. (2010). “Impact of diet in shaping gut microbiota revealed by a comparative study in children from Europe and rural Africa ”, *Proceedings of the National Academy of Sciences*, 107(33), 14691-14696.

失戀的疼痛有多痛？
——兩性篇

11 好爸爸的睪固酮濃度比較低？

◎陸子鈞

人類大概是地球上唯一要養育小孩超過二十年的動物吧？對男性而言，當了爸爸後，體內的生理機制得大大轉變，像是替他在競爭配偶時帶來優勢的睪固酮的濃度會急遽地下降，他才能勝任這個新的角色。

睪固酮這個會引發攻擊、較勁行為的荷爾蒙，在競爭配偶時替男性帶來優勢，但在養育小孩時沒這麼地管用。科學家之前就發現，男性體內的睪固酮濃度會隨著年齡下降，而且新手爸爸體內的睪固酮濃度，比起同年齡卻沒有小孩的男性還低。不過這現象究竟是因為當了爸爸，還是因為有穩定的伴侶所導致？科學家並不清楚。

為此，人類學家佳特（Lee Gettler）、庫薩瓦（Christopher Kuzawa）和美國西北大學（Northwestern University）及菲律賓聖卡洛斯大學（University of San Carlos）組成的研究團隊，試著從「菲律賓宿霧市長期健康及營養學調查計畫」（Cebu Longitudinal Health and Nutrition Survey）中找到答案。這項長期計畫從一九八三年起，找來三千名懷孕婦女，追蹤她們的小孩和孫子出世後的健康、營養學及醫療照顧，是一項非常詳細、跨世代地對健康、教育、性行為的追蹤調查。

二〇〇五年，當宿霧計畫中約六百名男性的年齡滿二十一歲時，研究團隊早晚各測定他們唾液中的睪固酮濃度，然後二〇〇九年再測一次。

結果發現，睪固酮濃度降低最多的男性，很有可能會成為好丈夫及好爸爸。和二〇〇五年相比，二〇〇九年成為新手爸爸的男性，在早上的睪固酮濃度低了26%，晚上低了34%；而單身男性只降低了12%及14%（睪固酮濃度會隨著年齡下降）。這也就是說，忠誠的伴侶關係是睪固酮濃度下降的「因」，而不是「果」。研究也指出，花最多時間照顧小孩的男性，體內的睪固酮濃度最低，此外睪固酮濃度會在小孩出生後一個月內最顯著降低。

庫薩瓦認為，睪固酮濃度下降可能是一種生物性的調節，當小孩來報到時，轉換男性的優勢。其他研究也發現，睪固酮濃度較高的男性，傾向對伴侶較不忠誠，引起婚姻問題，並且對嬰兒的哭聲也較不回應。

同一研究團隊也以同樣的研究方法，測量了資料庫中女性的睪固酮濃度，最後也得到了類似的結果。

參考文獻：

● Christopher W. Kuzawa, Lee T. Gettler, Yuan-yen Huang, Thomas W. McDade, "Mothers have lower testosterone than non-mothers: Evidence from the Philippines", *Horm Behav*, 2010 Apr;57(4-5):441-7.

12 為什麼會有晨勃？

◎陸子鈞

男性朋友們應該有因為晨勃而尷尬的經驗吧？除了尷尬，上廁所也很不方便。

為什麼會有晨勃呢？是不是因為作了春夢？其實晨勃在醫學上稱為「夜間陰莖腫脹」（nocturnal penile tumescence），是很正常的現象，所有年齡層的男性都會發生，甚至連還在母親子宮裡的男嬰也會。

晨勃是怎麼發生的呢？在睡眠週期中，進入和離開快速動眼期（Rapid Eye Movement, REM）時，體內荷爾蒙和神經生理上的變化就會導致勃起（erections），跟夢境內容無關。色色的春夢當然會引發勃起，不過因為一夜好眠會經歷四到五次的睡眠週期，所以通常男性一個晚上會有四至五次勃起，不管他究竟夢到了什麼。也因此不只「晨」勃，還有「子時夜勃」、「曉風殘月勃」……等等。

一些科學家認為，晨勃在生物學上有重要的意義：規律地輸入大量充氧血到陰莖，有益於組織的健康，避免勃起障礙。所以下次當你睡眼惺忪在刷牙時，低頭一看可別覺得尷尬，晨勃的陰莖正在告訴你，「系統一切正常運作」。

另一方面，女性也會有晨勃嗎？會的，女性也會表現和睡眠週期次數相等的陰蒂腫脹

（clitoral erections），不過因為不像陰莖一樣明顯，而且不會對如廁造成困擾，所以比較少被研究。

參考文獻：

● McCullough, A. R., Levine, L. A., & Padma-Nathan, H., "Return of nocturnal erections and erectile function after bilateral nerve-sparing radical prostatectomy in men treated nightly with sildenafil citrate: Subanalysis of a longitudinal randomized double-blind placebo-controlled trial", *Journal of Sexual Medicine* (2008) 5, 476-484.

● Siegel, J. M., "REM sleep", *Principles and practice of sleep medicine* (2005) 4, 120-135.

13 為什麼會有夫妻臉？

◎陸子鈞

很多夫妻有「夫妻臉」，甚至只是交往一段時日的情侶，也可能因為長相被誤會成兄妹，這樣的例子在我們身旁多到很不像是巧合。

兩個沒有血緣關係的人怎麼會這麼像呢？這絕對不是什麼「相由心生」、「心裡裝的都是另一個人」的肉麻鬼話；再說，如果真的是這樣，應該不會「越來越像」，而是會「變臉」——兩個人的長相對調吧？

本來就很像

除了情侶或夫妻會越來越神似之外，另一個可能是人們會傾向挑選和自己神似的人成為伴侶，所以才會出現「夫妻臉」。這聽起來似乎很合理。

一些研究顯示我們在挑選伴侶時，會挑選和自己基因組成相似的對象。像是二〇〇五年，加拿大西安大略大學（University of Western Ontario）的雷書頓（Philippe Rushton）和保斯（Trudy Ann Bons）發表在《心理科學》（*Psychological Science*）的研究就發現，同卵雙胞胎的配偶長相就比異卵雙胞胎的配偶還相似。這暗示人們的基因組成越像，挑選伴侶的外表條件也越接近。

我們也較容易被和自己神似的臉孔所吸引。英國聖安祖大學（University of St Andrews）心理學院的普頓．沃克（Penton-Voak IS）教授，曾經找來異性戀的受測者，讓他們評斷照片中臉孔的吸引力，其中有幾張是受測者自己的照片經電腦修飾成異性的照片，而這幾張照片也是所有照片中，被受測者評為「最具吸引力」的幾張，這便表示人們會受到和自己神似的對象吸引。

「印痕」（imprinting）或許也能解釋為什麼人們會受「和自己神似的對象」吸引。一些研究指出，人類選擇伴侶的臉孔條件，受到印痕作用的影響，會選擇和自己父母相似的對象（Rantala, 2012）。從演化心理學的觀點，印痕作用在擇偶的過程中，能避免生物和「非同類」的個體作無效的交配。也就是說，可能我們選擇的不是跟自己相像的對象，是因為我們遺傳了父母的長相，而「印痕」使我們選擇了「和父母神似的對象」。

越來越像

不過，情人有可能隨著相處的時間越久，就越神似嗎？知名的社會心理學家札佐克（Bob Zajonc）找來大學生作為受測者，顯示兩張照片給受測者看。這對照片組合可能是新婚夫妻、結婚超過二十五年的夫妻，或只是神似又年紀相仿，卻彼此沒有關係的隨機配對，讓受測者評斷兩張照片有多相似，還有這對「情侶」是否結婚。

結果結婚越久的夫妻，越容易被受測者評為「相似」，受測者很難從照片評斷新婚夫妻或隨機配對是否結婚，很可能是因為臉孔相似程度的差異。另外，被評為「最像」的夫妻在報告中也是婚姻生活最快樂的一對！

為什麼會這樣？確切的原因我們不清楚，不過很可能因為相處較長久的夫妻檔很長時間經歷相同的情緒，這也表示他們的表情也經常相似。或許這是「夫妻臉」的關鍵成因，因為表情由許多不同的臉部肌肉動作表現，相似的表情牽動的臉部肌肉也差不多，久而久之，臉孔就會越來越像。另外，除了情緒，相處很久的夫妻或情侶的生活環境、飲食也都很相近，或許也是可能造成「夫妻臉」的原因。

這樣說起來，常吵架的「怨偶」如果沒有分手，應該也是有「夫妻臉」的。

靠外貌找到真愛？

既然和我們神似的對象較具吸引力，會不會有交友網站除了星座、血型、生日、興趣、學歷、工作、習慣……以外，也將臉孔分析納入配對的條件呢？

有的！像是二〇一一年三月上線的 Find Your FaceMate.com 就是一個提供臉孔相似配對的交友網站，不過這個交友網站只能根據你提供的資料配對，如果你上傳的圖片是哆啦A夢，那配對結果可能是 kitty 貓（不會是歐噴將，因為不同種）。不過，若是要靠交友網站找尋真愛，那麼或許拜月老還比較實在。

參考文獻：

- Rushton, J., & Bons, T., “Mate choice and friendship in twins: Evidence for genetic similarity”, *Psychological Science* (2005) 16, 555-559, doi:10.1111/j.0956-7976.2005.01574.x.
- Penton-Voak, I. S., Perrett, D. I., & Peirce, J. W., “Computer graphic studies of the role of facial similarity in judgements of attractiveness”, *Current Psychology: A Journal for Diverse Perspectives on Diverse Psychological Issues* (1999) 18, 104-117. doi:10.1007/s12144-999-1020-4.
- Zajonc, R. B., Adelmann, P. K., Murphy, S. T., & Niedenthal, P. M., “Convergence in the physical appearance of spouses”, *Motivation and Emotion* (1987) 11, 335-346. doi:10.1007/BF00992848.
- Markus J Rantala, “Sexual Imprinting on Facial Traits of Opposite-Sex Parents in Humans”, *Evolutionary Psychology* (2012) 10(3): 621-630.
- Why Do Romantic Partners Tend To Look Alike?, *The Psychology of Human Sexuality* (November 7, 2012).
- Our Genes Make Us Like People Like Us, Science Blog (July 26, 2005).
- Could You Find Love With Your Look-Alike?, abc NEWS (March 24, 2011).

14 有胸毛的男人更具異性吸引力？

◎陸子鈞

男士們，你要刮胸毛嗎？除了潮流，現在又多了一個理由讓你考慮。

一項發表在《行為生態學》（*Behavior Ecology*），針對芬蘭女性的研究指出，正處於適合生育狀態的女性，認為沒有胸毛的男性較具吸引力；而懷孕中或不處於適合生育時期的女性，則偏好有胸毛的男性。

「男子氣概」和男性體內睪固酮濃度有關，反映在陽剛的臉型、低沉的嗓音、高壯的體態及濃密的體毛上。雖然這些特徵能表示男性的健康狀況，也暗示他有優良的基因，能替後代帶來優勢，但睪固酮濃度高的男性，也可能較不會保持穩定的伴侶關係。

過去科學家已經知道，處於不同生育狀況的女性，對男性特徵的偏好不同。芬蘭土爾庫大學（University of Turku）的生物學家馬克斯．雷塔萊（Markus Rantala）假設，女性在不同生育適合程度，對男性體毛有不同的偏好。

為了測試這項假設，雷塔萊和研究團隊找來二十名男性自願者，年齡介於二十到三十二歲之間，拍下他們胸腹面及背面的裸照，接著刮除體毛後，再拍一次。這些照片以隨機的順序讓三百名年齡介於十五到六十九歲的女性評分，並記錄女性受訪者的資料。

測試結果顯示，正處於月經週期中適合生育時期的女性，只有約30％對胸毛有偏好；處於不適合生育時期以及懷孕的女性，有約40％的偏好；而更年期後的女性則有50％的偏好，可見生育力和對體毛的偏好呈現清楚的負相關。此外，女性受訪者在受測中偏好的男性體毛樣式，和她當前的伴侶——丈夫或男友的體毛樣式相近。因此，雷塔萊認為，體毛在擇偶的過程中，扮演重要角色。

雷塔萊研究得到的結果，和其他研究團隊在二〇〇七年針對華人女性所做的調查結果相符，但卻和英國及喀麥隆的結果相反。或許這能解釋這些族群的男性胸毛特徵的差異，但無法排除女性對男性特徵的偏好受到文化影響。

參考文獻：

● Markus J. Rantala, Mari Po¨lkki, and Liisa M. Rantala, "Preference for human male body hair changes across the menstrual cycle and menopause", *Behavioral Ecology* (2010) 21 (2): 419-423.

15 男性低沉嗓音讓女性印象深刻？

◎蔡宇哲、陳淳

男性們請注意，如果你希望自己的伴侶記住某件事情的話，請用較低沉的嗓音向她訴說。英國亞伯丁大學（Aberdeen University）心理學系史密斯（David Smith）教授所發表的研究顯示：對女性而言，低沉的男性嗓音除了較具吸引力外，還能對其所說的內容印象深刻。

女性的記憶對男性音調很敏感，這可能是擇偶的關鍵之一。為了評價可能在將來相伴一生的伴侶，女性會憑著對異性的許多感官特徵與記憶，提供關於可能伴侶之特性與過去行為的資訊。而除了外表之外，聲音也是常被當作重要的因素，因此研究者就想了解不同性別的聲音對女性是否有吸引力上的分別，且一般人常說的低沉或高亢的嗓音是否也會有所差異。

研究者找了一群平均年齡約為二十一歲的女性參與者，她們會看到六十四個不同的物品（例如：魚、顯微鏡）的圖片，每張圖片呈現一秒鐘，同時也伴隨有人聲來唸出該物品的名稱。人聲會有男性—低音、男性—高音、女性—低音、女性—高音共四種聲音隨機呈現，等全部都看完後，隔一段時間再讓參與者進行再認，由呈現圖中找出哪一個物品是先前曾經看過的。研究者希望藉此得知是否有特定嗓音讓人覺得較具吸引力外，也能提高人的專注學習能力。

結果發現：這些參與女性都認為男性嗓音是比較具吸引力的，而在記憶再認的表現中，由低沉男聲所唸的物品明顯記得比高亢男聲還要好，但女聲就沒有高低音的差別。看來，對女性而言，男性低沉嗓音不只有致命的吸引力外，甚至可能還影響了專注與記憶力。

或許是透過演化，女性強化了記住具魅力男性訊息的能力。對這些迷人男性的深刻記憶可幫助女性進行比較，並在不同戀愛關係中的表現進行評估，以挑選到適合的伴侶，但這樣的推論還需要更多的研究來支持。從這個研究也可以讓我們理解到，為何知名男廣播人通常有著低沉的嗓音，因為這樣就容易吸引女性聽眾並讓她們印象深刻啊！

參考文獻：

● Smith DS, Jones BC, Feinberg DR, Allan K, "A modulatory effect of male voice pitch on long-term memory in women: evidence of adaptation for mate choice?", *Mem Cognit*, 2012 Jan;40(1):135-44. doi: 10.3758/s13421-011-0136-6.

16 失戀的疼痛有多痛？

◎陸子鈞

失戀讓你心如刀割嗎？也許那是真的，至少在你的腦海裡是如此。腦神經學家發現，分手的「痛」也會活化腦部掌管痛覺的區域，就像生理上真實感受到傷害一樣。

紐約哥倫比亞大學（Columbia University in Nwe York City）的心理學家愛德華．史密斯（Edward Smith）一樣對分手的痛感到好奇，他想知道心理上的痛和生理上的痛，會不會都活化了腦中相同的痛覺功能區？於是史密斯和研究團隊在曼哈頓散發傳單、廣告還有透過 Facebook 宣傳，找來四十位在最近六個月內剛經歷分手的男女（平均年齡介於二十至二十一歲）作為受測者。

在實驗中，痛的「來源」分兩種：一種「痛」是讓受測者前臂接觸燙到會痛的溫度，另一種「痛」則是讓受測者看到前男／女友的照片，並且回憶那段分手的經歷。在受到刺激的同時，研究團隊會利用功能性磁振造影（fMRI, functional magnetic resonance imaging）記錄受測者腦功能區的神經活動，另外也請受測者填寫五等級評分，感到最痛苦為0，5分滿分最不痛苦。

實驗結果發現，當受測者看到照片回憶起分手，以及被燙到的時候，大腦中兩個掌

失戀
有多痛？

控痛覺的區域：次級體感皮質區（secondary somatosensory cortex）和腦島背後側（dorsal posterior insula）會顯著地活化，而且受測者主觀上也對這兩種痛覺評了低於2分的痛苦。換句話說，分手和生理上的痛覺，在腦中其實相去不遠。如果照片換成同性好友，溫度也改成不燙的程度，那麼評分就會提高到4.2分以上，也就表示受測者不這麼感到痛苦。

史密斯的這項發現也讓分手的「痛」，比以往我們所知道的更為真實。

參考文獻：

● Kross, E., Berman, M. G., Mischel, W., Smith, E. E., & Wager, T. D., “Social rejection shares somatosensory representations with physical pain”, *Proceedings of the National Academy of Sciences* (2011) 108(15), 6270-6275.

17 愛情是一種靈藥？

◎陸子鈞

「愛情是一種藥嗎？」為了了解這個問題的答案，研究人員找來十五位仍在熱戀期（交往時間九個月以內）的學生，看看他們是否能藉由想著情人，減緩生理上的痛覺。

受測者的手放在一個正方形的區域，這個區域會發出零度、中等、非常等三個等級的溫度。受測時，學生會接受三種刺激中的其中一種：情人的照片、熟人的照片，或是被指定做一些無意義的干擾動作，比如想著運動之類的。

結果顯示，看著情人的照片和分散注意力所降低的痛覺程度相近；但從 fMRI 的掃描結果顯示，這兩種刺激在腦中則會活化不同的部位——看到情人的照片會活化腦部正回饋的區域，像是杏仁體（amygdala），還有阿肯伯氏核（nucleus accumbens）。

參考文獻：

- “ScienceShot: Love Conquers All—Even Pain”, 13 October, 2010.

18 性欲可以減緩噁心的感覺？

◎謝承志

在豔陽下揮汗如雨，汗水讓你很不舒服，而進了冷氣室裡汗水乾涸，怪味在房裡流竄；睡覺醒來，發現自己的一攤口水讓枕頭濕了一塊，不禁打了個冷顫……讓我們面對一個現實吧！體液、汗水、氣味……這些你在做其他事情時會盡量避免的東西，在性愛過程中大量產生，其實有點噁心（不論你的伴侶多有吸引力）。但對大部分人來說，我們享受性愛。

這究竟是怎麼回事，竟能讓我們成功地擁有愉快的性？

Charmaine Borg 與 Peter J. de Jong 找了九十位女性受試者，並隨機分成三組，「性欲刺激組」觀賞一段女性主觀（female-friendly）的色情影片；「正向刺激組」觀賞高強度活動如高空跳傘的影片；「控制組」觀賞搭火車之類，不會有任何「刺激」感的影片。

看完影片後，受試者必須要進行十六項通常讓人感到噁心的行為測驗，一部分與性有關，一部分與性無關，包含假裝從有蟲的杯中喝果汁（受試者不知蟲是假的）、用使用過的衛生紙擦手、吃一塊放在蟲旁邊的餅乾、潤滑按摩棒，以及把手指放在一堆用過的保險套之間。

實驗順序如下：首先，觀看五分鐘影片後進行兩項行為測驗，接著循環觀看兩分鐘影片後進行兩項行為測驗，直到結束。每項行為測驗都會進行執行前對該測驗噁心程度的評分與執行後評分，受試者可以選擇不要執行而用想像的。

結果發現，「性欲刺激組」的受試者不僅對與性有關的行為測驗噁心程度感受評分較低之外，也比較願意執行行為測驗。實驗者相信，這個結果是來自「性欲」而非「刺激」，因為「正向刺激組」執行的行為測驗比例也比「性欲刺激組」少。

研究者相信，這樣的結果也會在男性身上發生，他們並引述了佛洛伊德的話來詮釋：「男人願意熱情地擁吻女人，卻不肯用她的牙刷。（A man, who will kiss a pretty girl's mouth passionately, may perhaps be disgusted by the idea of using her tooth-brush.）」

參考文獻：

● "Feelings of Disgust and Disgust-Induced Avoidance Weaken following Induced Sexual Arousal in Women", *PLoS ONE*.

19 色情圖片讓男人容易衝動？

◎謝承志

色情圖片與痛苦短片所引發的情緒，對人類而言，同為高度吸引注意力（arousal）的，但兩者所引發的情緒感受（valence）卻正好相反：色情圖片帶給人歡愉，但痛苦短片卻讓人感到不舒服。

根據中央大學認知神經科學研究所阮啟弘教授的實驗室的研究顯示，兩種情緒影響的衝動抑制能力，不僅男女有別，尤其色情圖片更讓男性降低衝動抑制（response inhibition）能力。

在過去的研究發現，利用雙眼競爭的實驗派典，讓人無意識地接收色情圖片（就是「有看沒有到」），可以攫取我們的注意力，並且不同的性向還會有截然不同的結果；而另一個研究顯示，讓受試者進行評定衝動抑制認知能力的作業前，若顯示引發情緒感受的圖片，會降低受試者的衝動抑制能力。

「而我們想要探討，引發正向或負向的情緒感受圖片，對於衝動抑制能力在不同性別上是否相同。」陽明大學神經科學研究所博士生，也是這個實驗的研究者游家鑫這麼說。

實驗使用衝動抑制作業（stop signal task），讓受試者對於方向符號做按鍵反應，但若在

方向符號之後突然跳出停止訊號，則盡可能地停止原本要做的按鍵反應。實驗會先呈現出一張約一至兩秒的色情圖片或痛苦短片以引發受試者的情緒，之後才出現方向符號，要受試者做按鍵反應。

實驗結果發現，在男性受試者身上，若先出現色情圖片，比起中性圖片所需的衝動抑制反應時間（SSRT），顯著地拉長了；若先出現痛苦短片，比起中性短片所需的衝動抑制反應時間也變長。而不論引發何種情緒，衝動抑制反應時間在女性受試者身上都沒有差異。

衝動抑制反應時間的拉長，可以說是變得更衝動，也可以說是變得更積極，也許可以追本溯源這樣的男女差異，像是男女在演化上所扮演的角色。不過，先不論其更深層的可能原因，男女在認知功能上的不同，情緒引發也扮演了重要角色。

參考文獻：

● Jiaxin Yu, Daisy L. Hung, Philip Tseng, Ovid J. L. Tzenga, Neil G. Muggleton, Chi-Hung Juan, “Sex differences in how erotic and painful stimuli impair inhibitory control”, *Cognition* (2012).

20 你眼中的美女只是個花瓶？

◎謝承志

每天，我們打開網路，翻開報章雜誌，走進捷運站……隨處所見的廣告，不論香水、房地產或是啤酒，性感美女為各式各樣的商品代言，久而久之，性感美女在我們心目中竟然被視為「物體」？

一個刊登在《心理科學》（*Psychological Science*）的研究指出，不論男女，在看到性感美女時會把她視為「物體」，而看到性感男人時才會把他視為一個「人」。

性物化（Sexual objectification，僅將人視為身體，或是一群器官的組合）已有許多研究成果，但比利時法語布魯塞爾自由大學（Université libre de Bruxelles）的心理學家 Philippe Bernard 認為：「但仍不清楚的是，我們不知道在最基本的認知上，是將男性或女性物化。」

要判別我們是否將性別物化，需要在看人或看物時有所差別。過去的研究已經指出，大腦是用不同的方式在看人與物，例如我們可以輕易地指認一張完整的臉，但如果只有一部分就難以辨識；可是，如果是一張椅子，即使只有一部分我們也可以輕易地辨別。

因此，心理學家找到了區辨我們是否把某個東西視為物體的方法——只要把那個東西反過來看（上下顛倒）。如果我們把人反過來看，就會出現識別上的困難，但如果把物品反過來看則不會有這個問題。所以 Bernard 便與研究人員將男性與女性的性感照片正放或反放（上下顛倒），這些性感照片中的男女要不是只穿內褲就是只穿比基尼，快速閃現 250ms 之後出現一秒的空白，緊接著出現兩張圖片，一張與剛剛相同，一張則是剛剛的鏡射（左右顛倒），要受試者選出與剛剛相同的那一張。

結果發現，如果看性感男性時，正看比反看的正確率好很多；但看性感女性時，正看和反看的結果都一樣好，且不論受試者本身是男生或女生。這樣的結果便透露了我們看性感男性時仍視為「人」，但性感女性則視為「物」。

也許大量的性感女性出現在廣告與媒體上，讓大腦認為這些影像是「物體」，導致不論男女的眼睛都把女性給物化了。Bernard 說：「下一步，我們要研究的是，如何因為這些圖片，影響我們看待真正的女人。」

參考文獻：

● "Integrating Sexual Objectification With Object Versus Person Recognition", *Psychological Science*.

母子連心是真的嗎？
——親子篇

21 父母壓力大，孩子容易肥胖？

◎ Sidney

在美國，每三個孩子當中就有一個體重過重或肥胖，而就一般人的認知，會胖不外乎是吃太多或者是沒做什麼運動所造成，然而研究後發現，這件事情似乎並不是表面看來那麼單純。

研究發現，壓力越大的父母，他們的孩子就越容易體重過重或肥胖。為什麼會有這樣的關聯存在呢？首先，壓力過大的父母很常以速食來解決自己與家人們的一餐，而且他們的飲食通常沒什麼規畫，總是隨便吃吃。

這項研究以問卷調查兩千多位父母與照顧者以及他們十三到十七歲的孩子，接著研究者會從父母親的回答來評估他們的壓力指數。研究中，有些家庭中孩子們的體重相當容易受到父母壓力的影響，而這些高風險的人群包含了：

- 黑人／西班牙裔兒童
- 單親家庭的兒童
- 家庭經濟壓力繁重的兒童

通常處在壓力下的父母比較難提供給孩子健康的選擇，因為他們白天要拚命工作，回家後又要弄一桌兼顧營養的菜餚，這不僅是個大工程，而且可能還很花錢。也就是說，如果沒有適當的資源，要養育健康的孩子可能會有點困難。

新鮮的食物通常比較貴，而加工食品、罐頭蔬菜或外食則是比較不昂貴的替代選擇，父母親也能多些時間用在紓解壓力上，這對每個家庭成員都會有好處。

這項研究提醒我們，有些家庭的肥胖風險也許是來自於父母的壓力，因此要教導他們以健康的方法處理壓力，以及提供讓全家都吃得健康的飲食計畫。如果每一個家庭成員都吃得比較健康，那麼父母們或許會覺得自己做得不錯，並因此降低壓力。

參考文獻：

● Parks, Elizabeth P, et al., "Influence of stress in parents on child obesity and related behaviors", *Pediatrics* 130.5 (2012): e1096-e1104. Pediatrics, October 2012.

22 家裡有養寵物的寶寶比較健康？

◎ Sidney

曾經聽說過，本來有養寵物的女性在懷孕後，因擔心未來孩子出生後與寵物待在一起可能會容易有過敏的情形，因此四處打聽看看有沒有人可以收留寵物。然而，從一項芬蘭的研究結果顯示，或許不需如此。這項研究發現，和家裡不養寵物的嬰兒相比，家裡有養狗的嬰兒，出生第一年期間較少出現感冒、耳朵感染的症狀，並且使用較少的抗生素。

雖然此項研究是以狗為主要的調查對象，但家中養貓對嬰兒的健康也有幫助，不過效果跟養狗不同，狗的作用比貓大一點。為什麼狗帶來的好處會比貓強？推測的原因可能是狗比較會從外面帶髒東西回到家裡，特別是家裡的狗在外頭的時間越長，保護作用就越是顯著。

以前的研究就已經發現，在農場長大的孩子比較不會有過敏的情形，而且有些研究發現，家中有養狗的孩子比家裡沒有的較少罹患感冒。該研究追蹤三百九十七位芬蘭兒童，從懷孕第三期開始追蹤，直到出生後十二個月。在研究過程中，讓兒童的父母每週填寫週報，請他們詳細記錄關於孩子的健康狀況，以及孩子與狗、貓的接觸情形。

結果發現，家裡養狗的孩子，呼吸道感染的情形較少、耳朵受感染的情形較少、較少需要使用抗生素的療程。會有這樣的結果，或許跟存在許久的論點——「衛生假說」（hygiene hypothesis）——有關！此假說認為要讓兒童的免疫系統成熟，最好的方式就是在還是嬰兒時期的時候，就暴露於適量病菌的環境之下，因為太多的病菌有害健康，但無菌同樣也有害健康。

在生命早期就讓個體暴露在各種不同的微生物之間，讓它們在腸道中與其他微生物混在一起，這有助於讓它們彼此對抗，以及引起自體免疫疾病來鍛鍊個體的免疫系統。但即便如此，還是要注意，對一個孩子好的微生物，對另外一個孩子來說卻不見得如此。

雖然這個研究認為養寵物會有減少孩子過敏的機會，但還是有例外的情況，那就是孩子已經發生過敏的時候。一個沒有養寵物、有著體弱多病或是氣喘孩子的家庭，在這個時候選擇養條狗可是很糟糕的做法。在早期，養狗確實能夠保護呼吸道感染，但這是指很早期，孩子尚未有任何過敏症狀的時候才可以這樣做。

參考文獻：

● Bergroth, Eija, et al., “Respiratory tract illnesses during the first year of life: effect of dog and cat contacts”, *Pediatrics* 130.2 (2012): 211-220.

23 孩子多往戶外跑，能減少近視風險？

◎ Sidney

隨著時代演進，人類不再需要像古早時候那樣，總是得出門在外才能求得溫飽，我們的雙眼也變得不常看遠的事物了，像電視、書本、智慧型手機等等，眼睛的用途變成以「看近物」為主，因此近視成為現代人常見的視力問題。近視是指沒辦法看清楚較遠的物體，而通常是以戴眼鏡、隱形眼鏡或者眼部手術來矯正視力。

儘管要矯正近視是很容易的事情，但很遺憾的是，目前並沒有什麼立即且有效的方法能用來廣泛地減少或是延緩近視的發生風險。

某些研究結果支持一些環境因素，像是看太多電視或是看太多書，可能可以解釋為什麼某些人近視風險增加。有個研究回顧了二十三篇關於兒童與青少年到二十歲前近視相關的研究，從其中七篇裡研究使用的資訊，包含全人口近視風險的資料，並評估戶外時間對於近視風險的影響。

研究者們從將近一萬名兒童與青少年的研究資料中發現，增加戶外活動的時間對預防近視有顯著的保護關聯，譬如每週在戶外的時間每增加一個小時，相關的近視罹患風險就會減少2%。而其他三個追蹤兒童的研究顯示，增加戶外時間能延緩近視的發展。

整體的研究發現指出，增加待在戶外的時間也許是一個很簡單就能減少兒童與青少年發展成近視的做法，不過要注意的是，這些研究都是觀察的結果，因此僅能夠顯示出待在戶外時間與近視的風險減少有關聯，但並不是互為因果。

戶外活動的時間對於視力保護的作用有許多可能的解釋，舉例來說，待在戶外時，會因為眼睛對陽光有所反應，而釋放多巴胺（dopamine），藉此對抗近視；又或者是在戶外的時間多，相對地就能減少其他需要近距離用眼的機會，像是看電視或是閱讀等等。

從這項研究的結果來看，鼓勵孩子多花時間待在戶外或許是一種新的視力保健方法，並且能降低近視的風險。為了保護孩子的靈魂之窗，多讓他們在戶外玩耍吧！

參考文獻：

● Sherwin, Justin C, et al., “The association between time spent outdoors and myopia in children and adolescents: a systematic review and meta-analysis”, *Ophthalmology* (2012).

24 懷孕時，一人吃兩人補？

◎陸子鈞

「多吃點，妳現在可是要吃兩人份！」許多懷孕的女性都會聽到親友這麼說，而一生都在計較體重的女性，大概只有在這段時期有理由讓自己肆無忌憚地吃吧？但吃這麼多，真的對肚子裡的寶寶有益嗎？

「一人吃，兩人補」的觀念導致三分之一的女性達到醫學上過重的體重標準，不僅很難在生產後瘦下來，甚至可能引發其他嚴重的後果，包括增加高血壓、先兆子癇（或稱「妊娠毒血症」）或妊娠糖尿病的風險。此外，孕婦過胖對於胎兒本身也有影響，譬如流產、死胎的風險較高，剖腹產的比例也較多。

英國薩里大學（Surrey University）的健康心理學家珍．奧格登（Jane Ogden）發現，部分孕婦認為懷孕合理化了她們想吃的食量。如此一來，她們可能會習慣吃兩份食物，即使產後也很難改回只吃一份的習慣；甚至產後有哺乳的話，可能會讓這習慣維持更長的時間。

一篇美國飲食學會（American Dietetic Association）的綜合評論表示，分析各項避免女性在懷孕期間體重過重的方法，發現這些方法對有些女性有效，有些則否。在芬蘭，懷孕婦女依照建議吃較多的新鮮蔬果，但體重卻沒有較輕；在美國卻有效，除了一些在懷孕前已經體重過重的婦女以外。另一項在加拿大的研究則發現，飲食營養建議對原住民克里族（Cree）來說效果很有限，此外也發現，建議孕婦吃得健康，會比多走路或其他輕量運動還能夠有效控制體重。

那麼，懷了雙胞胎、三胞胎的孕婦應該吃三份飲食，甚至四份嗎？或許沒有必要。孕婦每多懷一個胎兒，代謝率便會增加10%，消耗卡路里的速度也更快。某些飲食指南會建議懷有多胞胎的孕婦一天應至少攝取四千卡路里的熱量，這大約是駐紮在阿富汗的英軍每人每日所需。不過這並沒有考慮到孕婦比起戰鬥中的軍人更需長時間久坐；然而，懷有多胞胎的婦女卻常因為體重不足而產下體型較小的嬰兒。總之，雖然有種說法認為孕婦應多攝取額外的卡路里，但目前仍沒有清楚確切的依據。

撇除多胞胎的例子不談，那麼孕婦應該要額外攝取多少卡路里呢？

美國醫學研究機構（Institute of Medicine, IOM）建議懷孕的準媽媽，一天吃三餐及兩餐點心。聽起來很多，不過以卡路里來算，建議在懷孕中期時，一天多攝取三百四十卡路里（差不多是一天多吃兩顆蛋的熱量）；後期攝取四百五十二卡路里（大約兩片巧克力消化餅配大蒜麵包的熱量）。

＊所有資訊僅供參考，並不能取代醫師的意見。

參考文獻：

- Laura A. Schieve, Mary E. Cogswell, Kelley S. Scanlon, "Trends in Pregnancy Weight Gain Within and Outside Ranges Recommended by the Institute of Medicine in a WIC Population", *Maternal and Child Health Journa*l, 1998 Volume 2, Issue 2, pp 111-116.
- Ida Tanentsapf, Berit L Heitmann, Amanda RA Adegboye, "Systematic review of clinical trials on dietary interventions to prevent excessive weight gain during pregnancy among normal weight, overweight and obese women", *BMC Pregnancy and Childbirth*, 2011, 11:81.
- M. Clark, J. Ogden, "The impact of pregnancy on eating behaviour and aspects of weight concern", *International Journal of Obesity* (1999) 23,18-24.
- Janet A. DiPietro, Sarah Millet, Kathleen A. Costigan, Edith Gurewitsch, Laura E. Caulfield, "Psychosocial influences on weight gain attitudes and behaviors during pregnancy", *Journal of the American Dietetic Association*, October 2003, Vol. 103, Issue 10, Pages 1314-1319, DOI: 10.1016/S0002-8223(03)01070-8.
- Gray-Donald K, Robinson E, Collier A, David K, Renaud L, Rodrigues S., "Intervening to reduce weight gain in pregnancy and gestational diabetes mellitus in Cree communities: an evaluation", *CMAJ*., 2000 Nov 14;163(10):1247-51.
- "Effects of interventions in pregnancy on maternal weight and obstetric outcomes: meta-analysis of

randomised evidence", *BMJ*, 2012; 344.

- Ballard Celia K., Bricker Leanne, Reed Keith, Wood Lorna, Neilson James P., "Nutritional advice for improving outcomes in multiple pregnancies", *Cochrane Database of Systematic Reviews*, 2011 (6).
- "Position of the American Dietetic Association and American Society for Nutrition: Obesity, Reproduction, and Pregnancy Outcomes", *Journal of the American Dietetic Association*, 2009 Volume 109, Issue 5, PP. 918-927.

25 母子連心是真的嗎？

◎陸子鈞

「隨心所至」並不容易，但嬰兒和媽媽只要互相投以微笑，就能跟隨對方的心跳。

一項新的研究指出，三個月大的嬰兒和他的母親能彼此同步心跳，誤差僅在幾毫秒內。科學家找來四十對母子，利用皮膚電極貼片追蹤心跳，發現只要一個愛的眼神相會，或者柔情的低語，心跳幾乎能立刻同步。

藉由悅耳的互動同步心跳，目前只發現存在於媽媽和嬰兒之間（研究包含三個月到十三歲大的孩童），研究成果發表於《嬰兒行為及發展》（*Infant Behavior and Development*）期刊。

科學家推測，當人類接收到來自另一個個體的表情語言，會開啟腦中特定區域，並調整心跳。研究團隊過去的研究也顯示，無法接收來自母親聲音的嬰兒，會像青少年一樣較無法產生情感上的共鳴。早熟的嬰兒，或有產後憂鬱的母親，有極高風險會喪失社交技巧，因為他們可能錯過了早期母子互動的機會。

參考文獻：

● Feldman, R., Magori-Cohen, R., Galili, G., Singer, M., & Louzoun, Y. (2011). "Mother and infant coordinate heart rhythms through episodes of interaction synchrony", *Infant Behavior and Development*, 34(4), 569-577.

為什麼手指遇水會皺起來？
——身體篇

26 如何擊退腹部脂肪？

◎Sammi

你知道嗎？腹部脂肪不只關乎腰圍大小而已，它也關係著我們的健康。體內脂肪分為兩種：1.皮下脂肪：存在於臀部和腹部，比較容易看得到，也比較會去注意它。2.內臟脂肪：圍繞著內臟（心、肺、消化道、肝等），看不到，所以比較不會注意到。多數人對看得見的脂肪很在意，對於看不見的內臟脂肪卻坐視不管，但內臟脂肪卻會對健康造成大問題，甚至連有些瘦子也有內臟脂肪過多的問題。

每個人都有內臟脂肪，它不全然是壞的，它可以說是內臟必須的保護緩衝墊。擁有過多的內臟脂肪才會產生健康問題，譬如與高血壓、第二型糖尿病、心臟病、癡呆症和某些癌症（包括乳癌與結腸癌）有關。

我們可以透過很多方式來精確知道身體裡有多少脂肪儲存，如電腦斷層攝影（CT）或核磁共振攝影（MRI）。但其實我們不用如此大費周章就可以知道體內的脂肪有沒有造成健康的風險，方法很簡單，就是量腰圍：女性最好讓腰圍小於三十五英寸，男性小於四十英寸。

蘋果型肥胖（腹部脂肪比較多）比西洋梨型肥胖（脂肪儲存於大腿或臀部）更令人擔憂，因為較多的腹部脂肪可能表示有較多的內臟脂肪。

瘦的人也要注意

有些人即使看起來瘦，卻有很多的內臟脂肪，因為這些人的基因傾向於內臟脂肪的儲存。但這也與體能活動有關，可以看成是內臟脂肪不喜歡你運動。一個英國的研究顯示，內臟脂肪多的瘦子通常透過飲食控制來維持體重，而不是運動。所以不論你是胖還是瘦，開始運動吧！

四個方法擊退腹部脂肪

1 運動

每週四次、每次半小時，強而有力的有氧運動可以消除脂肪，包括內臟脂肪，也可延緩內臟脂肪的生成。那什麼叫強而有力的運動呢？如果你已經準備充分，跑步是個選擇；如果你還沒準備好跑步，也可以利用跑步機做快速走路訓練。當然，你也可利用飛輪車或健身車或划船機來進行強而有力的運動。

每週至少三次、每次三十分鐘的溫和運動也有幫助，可以延緩內臟脂肪的生成；但如果要燃燒內臟脂肪，運動強度就要增加才行。

除了健身房的運動，像掃落葉、走路、整理花園、與小孩玩足球等等都是。另外，沒有局部減肥這種事，我們不可能移走特定位置的內臟脂肪，這一點請注意。

2 飲食

沒有任何神奇的飲食可以針對腹部消除脂肪，但是當體重減輕時，腹部脂肪通常是比較快消除的部位。

高纖飲食是有幫助的，不用改變任何飲食習慣，只要每天增加吃十公克可溶性纖維，比起沒有吃可溶性纖維的，就可以產生比較少的內臟脂肪。十公克可溶性纖維大概就是兩顆小蘋果、一杯豌豆和半杯花豆的量。

或者，即使不做任何改變，只是把平常吃的麵包改成高纖麵包，也可以維持體重。

3 睡眠

充足的睡眠是有幫助的，每晚睡六到七小時的人，比起每晚睡五小時、小於五小時、八小時或多於八小時的人，有比較少的內臟脂肪。睡眠雖不是唯一重要的因素，但是也是很有幫助的。

4 壓力

人有壓力的時候，比較沒辦法對食物做出正確選擇，通常會用亂吃、大吃來紓解壓力，所以慢性壓力是個重要問題。社會支持（包括朋友與家人）、冥想、運動都可以幫忙處理壓力問題，或者心理諮商也很有幫助。你可能說沒有時間去做這些事，那就選擇運動吧！因為運動有立即效果，不僅對壓力控制有幫助，對體重的控制也有利，且因為內臟脂肪不喜歡你運動，當你越不運動，內臟脂肪就會越多，你就會更不喜歡運動。所以，為了破解這個惡性循環，開始運動吧！

運動
飲食
睡眠
壓力

參考文獻：

- National Heart, Lung, and Blood Institute, "Assessing your weight and health risk", *Aim for a Healthy Weight*, Sept (2010).
- "Mayo Clinic Women's Health Source", Mayo Clinic, June 2011; online edition.
- Dedert, Eric A, et al., "Religiosity may help preserve the cortisol rhythm in women with stress-related illness ", *The International Journal of Psychiatry in Medicine* 34.1 (2004): 61-77.
- Hairston, Kristen G, et al., "Lifestyle factors and 5-year abdominal fat accumulation in a minority cohort: the IRAS Family Study", *Obesity* 20.2 (2011): 421-427.
- Hairston, Kristen G, et al., "Sleep duration and five-year abdominal fat accumulation in a minority cohort: the IRAS family study ", *Sleep* 33.3 (2010): 289.
- Heinrichs, Markus, et al., "Social support and oxytocin interact to suppress cortisol and subjective responses to psychosocial stress", *Biological psychiatry* 54.12 (2003): 1389-1398.
- Kilpeläinen, Tuomas O, et al., "Genetic variation near IRS1 associates with reduced adiposity and an impaired metabolic profile", *Nature genetics* 43.8 (2011): 753-760.
- Slentz, Cris A, et al., "Effects of aerobic vs. resistance training on visceral and liver fat stores, liver enzymes, and insulin resistance by HOMA in overweight adults from STRRIDE AT/RT", *American Journal of Physiology-Endocrinology And Metabolism* 301.5 (2011): E1033-E1039.

27 在大自然行走，讓你靈光乍現？

◎ Sidney

在大自然裡漫步，可能對你的腦有好處，特別是缺乏靈感的時候。一項發表在線上《*PLOS ONE*》期刊上的研究發現，遠離有電子設備的環境、於野外生活四天的人，在創造力測驗的成績表現上比較好。

五十六位平均二十八歲的受試者參加一個四到六天的野外徒步旅行，當中女性有二十六人，男性有三十人。在這期間，參與者們不能使用及接觸電話、平板電腦、個人電腦或是其他電子裝置。

參與者當中的二十四人會在旅行當天早上進行一場有十個題目的創意測驗，另外三十二個人則在旅行的第四天早晨進行該測驗。旅行過後的人們平均答對六題，而在旅行之前的人則答對四題。

從結果來看，究竟是大自然發揮了開啟創意的作用呢？還是因為遠離電子產品的關係？對現代人來說，要連續四天遠離手邊的電子裝置，其實是相當困難的事情，因此研究者認為，如果你沒辦法離開現下的生活太久，那麼至少在公園裡頭漫步也好。若你能經常這樣做，便能因此而舒緩壓力，對你心理的健康有益，而這或許也就跟你長時間遠離所有的科技

一樣。另外，聽音樂也被證實是有用的。

和媒體科技切斷連結，能讓人們處在當下，而自然的環境也能讓我們獲得真正的休息。你可以一週花個五天，每天在公園走個十到十五分鐘，但如果你沒辦法走向大自然，那麼試著把自然的氣息帶到生活周遭，例如在家裡擺些花，或是在庭院種些植物。

除了藥物與心理治療之外，運動是維持我們的心理健康相當重要的方式之一。運動能幫助釋放讓我們感覺良好的大腦化學物質「腦內啡」（endorphin），而在大自然中運動，對身心健康的好處，比單純在跑步機上跑步要好上許多。

參考文獻：

● Strayer, D. L., "Creativity in the Wild: Improving Creative Reasoning through Immersion in Natural Settings", *PLOS ONE*, published online, Dec. 12, 2012.

28 為什麼常常感到疲倦？

◎ Christine

你常常覺得疲倦嗎？很多人都有這種感覺！要重拾你的活力可能比你想像中還簡單，快來看看讓你如此疲倦的三大原因吧！

你吃了些什麼？健康均衡的飲食能為身體帶來活力

我們可能習慣來杯咖啡作為提神飲料，但是攝取咖啡因或糖類對於增加活力可能會適得其反，因為血糖的大幅度波動會增加我們的疲倦感，富含蔬菜、水果及瘦肉的健康均衡飲食才能帶來活力。擁有健康的飲食，通常也代表擁有正常健康的體重，也較不易產生因肥胖導致的疲倦感。

你的睡眠如何呢？充足的睡眠幫助身體維持活力

大部分的人都沒有足夠的睡眠，如果你平常沒有充足睡眠或是睡眠品質不佳，那麼在睡覺前更應該避免攝取富含咖啡因及酒精的食物，也別看電視入睡，保持你的臥室安靜又舒適！

你的活動量是多少呢？運動得越多，身體會產生更多體力

我們每天的活動量多寡是決定我們是否感覺疲倦的最關鍵因素。面對因老化而造成的疲倦感，我們可以透過每天規律且有一定強度的運動來改善，而這些運動盡可能要在睡前三小時完成，好讓我們的身體有足夠的時間可以緩和下來。適度的運動並不會讓我們的身體更累；相反的，運動能使我們更有體力。許多研究都發現，久坐之後開始運動的人，體力比一直久坐的人更好，且較不容易產生疲倦感。這也就是說，當我們運動得越多，身體就會產生更多體力。運動的頻率建議一週運動四次，一次至少持續四十分鐘，當持續執行一個月之後，體力會有些許改善；而運動六個月以上，體力則會越來越好。

以上是一般最常見的造成疲累的原因，建議大家逐步改善，相信這些改變會讓身體更健康。

另外，除了以上常見造成慢性疲勞的原因，許多健康問題也會導致慢性疲勞：

1.貧血：貧血是造成疲倦的最常見原因，只要透過一般的血液檢查就可以檢驗出來。行經期且經血量較多的女性，特別容易有貧血的問題，可以透過吃紅肉、深綠色蔬菜等含鐵豐富的食物或補充劑來改善貧血問題。

2.某些營養素的缺乏（例如：鉀）：營養素的缺乏也可以透過血液檢查檢驗出來，並做適當補充。

3.甲狀腺問題：甲狀腺亢進與甲狀腺低下都會造成疲倦，而甲狀腺與相關荷爾蒙濃度多寡也可以透過血液檢查做檢測。

4.糖尿病：糖尿病患且血糖控制不佳者，身體會感到不適及特別容易疲累。如果有無精打采、視力模糊且多尿的情況，要盡快找醫生做檢查。

5.憂鬱症：覺得疲憊不堪、沮喪，且找不到任何值得開心的事嗎？這可能是憂鬱症的徵兆。建議盡快尋求醫生或治療師幫助，以遠離沮喪和憂鬱。

6.睡眠問題（例如：打鼾）：如果有打鼾的習慣且睡醒後仍不覺得有得到充分休息，那麼建議盡快到睡眠治療室尋求幫助改善。

7.尚未被診斷出的心臟疾病：感覺疲累也可能是心臟出現問題的一個訊號，特別是女性。如果平常做起來很輕鬆的運動，開始覺得做起來很困難，或是運動時覺得不舒服，那表示心臟的健康狀況已經亮起紅燈，請盡快就醫。

總而言之，先嘗試調整睡眠、飲食及運動量，或許你會發現遠離疲倦是如此地簡單！

參考文獻：

● Puetz, Timothy W, Patrick J O'Connor, and Rod K Dishman, "Effects of chronic exercise on feelings of energy and fatigue: a quantitative synthesis", *Psychological bulletin* 132.6 (2006): 866.

29 血型會影響心臟病的罹患風險？

◎ Sidney

你的血型很可能決定了罹患心臟病的風險！從一項新的分析研究中發現，O型對心臟病與中風具有保護作用，而AB型則會增加這兩種疾病的風險。

一般我們對於心臟病風險的評估大多是採用可測量因子，像是血壓、膽固醇以及體重等，不過這個研究告訴我們血型可能也很重要。血型是不能改變的，但我們或許能夠利用這樣的資訊來幫助判斷一個病患可能罹患心臟病的風險，並採取積極的方法來治療。

根據美國紅十字會統計，O型是美國最常見的血型，白人當中有45％是O型，非洲裔美國人有51％，西班牙裔有57％，而在美國的亞洲人則有40％是O型。而AB型的占比就相當少，只有4％的白人與非洲裔美國人、2％的西班牙裔以及7％的亞裔是AB型。

在台灣，O型也是占人口比例最多的血型，在整個人口當中O型有44％、A型26％、B型24％、AB型6％。

這個研究結合了兩個大型的研究資料，總共追蹤將近九萬名成年人，時間至少持續二十年以上。

結果發現，與O型的人相比，其他血型發展為心臟病的風險：

- AB型增加23%
- A型風險增加5%
- B型增加11%

早期的研究認為A型與較高的LDL膽固醇有關聯，AB型則與發炎有密切的關係，而發炎也和心臟疾病有關。

那麼，血型是否會影響治療呢？現在我們還不是很清楚是否能因應不同的血型而採用不同的預防治療法，例如降膽固醇的藥物、降血壓藥物，或甚至是生活方式的介入，如飲食與運動等。

目前來說，我們並不會因為這個研究就改變治療的方法，不過當這個研究結果最後被證實是真的，那麼，它可能就能幫助我們用來評估該採取哪種程度的治療方針。只是現在，還是乖乖聽醫生的話吧！然後吃得健康、養成良好的生活習慣才是比較實際的做法。

參考文獻：

- He, Meian, et al., "ABO blood group and risk of coronary heart disease in two prospective cohort studies", *Arteriosclerosis, thrombosis, and vascular biology* 32.9 (2012): 2314-2320.

30 不運動與抽菸一樣致命？

◎Sammi

抽菸有害健康，這是大家都知道的事，不過不運動其實也有害健康，且其等級還與抽菸相當！

有個研究發表於《刺胳針》（*The Lancet*）期刊：二〇〇八年，世界上估計不運動因而造成死亡的人數多達五百三十萬人；而約有五百萬人死於抽菸。所以不運動對健康有巨大的衝擊，且風險竟與抽菸一樣。

雖然有些專家覺得這篇研究若用不同的方法，可能不會得到如此高的死亡率，但並不是說「不運動」就不是健康的危險因子。不運動在WHO對於慢性病的影響因子的排名是第四名，緊追在高血壓、抽菸及高膽固醇之後。

「坐式生活」對身體不好，只要離開椅子，血糖、血膽固醇、三酸甘油脂就會變得更好，如果你每天增加坐著的時間，一天天地累計、一次次地增加，對健康會漸漸產生負面的驚人影響。不活動幾乎與所有的慢性疾病都有連結，約有6％心臟病、7％第二型糖尿病、10％結腸癌和乳癌都與缺乏運動有關。我們都把抽菸視為健康的敵人，而不運動也應該列入才對。

很多人因為運動不夠，讓自己暴露在不健康的風險當中，估計全世界有三分之一的成年人與超過五分之四年齡界於十三到十五歲的青少年沒有達到運動的建議量。這裡所謂的運動建議量，對成年人而言是一週一百五十分鐘的溫和活動，如輕快地走路或騎單車，對青少年而言則是每天一小時的溫和運動。美國人的運動量更少，約41%的美國成年人都沒有足夠的運動量，而且不管是任何年齡的女性都比男性的運動量要少，女性也比較趨向於「坐式生活」。

為什麼我們會如此不喜歡活動？可能是因為太依賴車子與任何機械式的運輸工具。在美國，只有少於4%的人走路上班，少於2%的人騎單車上班；相較於中國、德國、瑞典，約有20%的人走路上班；中國、丹麥、荷蘭有超過20%的人騎單車上班。

我們通常坐的時間比較多，全世界約42%左右的人每天坐著的時間超過四小時，

將近70％的青少年每天看超過兩小時的電視。

有一個花費不高、促使你多活動的方法，那就是戴計步器。有個研究指出：讓女性戴著計步器，並設定每日步行至少一萬步的活動量，比只是建議她們每天走三十分鐘的活動量還高。

計步器只能記錄你的步伐數，並不能紀錄你走得多快，但運動強度也是運動建議的重點之一。根據二〇〇九年發表的《美國預防醫學雜誌》（*American Journal of Preventive Medician*）期刊說：溫和運動是強度達到三十分鐘內，至少走三千步的運動。

參考文獻：

● Lee, I-Min, et al., "Effect of physical inactivity on major non-communicable diseases worldwide: an analysis of burden of disease and life expectancy", *The Lancet* (2012).

● Hallal, Pedro C, et al., "Global physical activity levels: surveillance progress, pitfalls, and prospects", *The Lancet* (2012).

● Pal, Sebely, Cheryl Cheng, and Suleen Ho, "The effect of two different health messages on physical activity levels and health in sedentary overweight, middle-aged women", *BMC public health* 11.1 (2011): 204.

31 乳房攝影可以檢測出乳癌？

◎劉育志、白映俞

過去三十年來，絕大部分的研究認為乳房篩檢有助於早期發現乳癌，許多國家，包括台灣，都有倡導女性定期乳房攝影的篩檢政策。所謂篩檢就是為了減少死亡率，人類發展出預防性檢查，讓受檢者在完全沒有症狀的情況下，只要跨越某個年紀就去做檢查，以期早期發現危及生命的疾病或癌症，早期讓病人接受治療。當然，一個有效的癌症篩檢系統應該能夠幫助人類增加在癌症早期即被發現的機會，並且減少在癌症末期才被診斷出的人數。

什麼是篩檢性的乳房攝影呢？這是一種用低劑量X光檢查偵測乳房腫瘤的方法。相信許多聽聞過乳房攝影的人，一定都覺得這個檢查實在不舒服，那可是要被透明壓克力板固定並狠狠夾住乳房呢！但是沒辦法，乳房攝影時，一定要夾住乳房，讓乳房厚度一致，攤平組織以利攝影，這樣才能讓小腫瘤無所遁形。

對婦女而言，這個檢查並不舒服，也會暴露一些輻射量，有時篩檢結果還好像模稜兩可，帶來麻煩。同時，大規模的篩檢也會對國家社會帶來龐大的經濟負擔。

《新英格蘭醫學期刊》（*The New England Journal of Medicine*, NEJM）對於過去美國乳房篩檢三十年的結果做了份總檢驗，告訴我們乳房篩檢的功效。這份報告統計的對象是四十歲以上的婦女，時間從一九七六年到二〇〇八年之間，以下分別看看這些婦女們被診斷初期乳癌及晚期乳癌的趨勢，以窺篩檢是否達到功效。

研究結果顯示，在美國乳房篩檢進入乳癌檢查過程後，每年每十萬婦女裡面被診斷為早期乳癌的人數，從一百一十二人增加到兩百三十四人，也就是每十萬婦女中多了一百二十二個人，或說多了一倍的人，被診斷為早期乳癌。同時，晚期乳癌的人數減少8%，從每年每十萬婦女裡有一百零二人，減少到九十四人。這段時間內，因乳癌死亡的人數從每十萬人中有七十一位下降到五十一位，約減少28%。

然而，去除其他影響因素後，被診斷出早期乳癌族群裡增加的那一百二十二人中，只有八個人後來進展成晚期的乳癌。因此，研究學者認為，這代表的是被過度診斷的病例增加了，意指這些在篩檢裡懷疑是癌症的腫瘤，其實並不會造成真正的問題。學者甚至指出，在過去三十年來，美國有一百三十萬名婦女的乳癌其實是被過度診斷的。譬如在二〇〇八年一年內，據估計美國就有七萬名婦女被過度診斷為乳癌，而這個數目占了所有被診斷為乳癌患者的31%。

因此，即使早期乳癌的病例數目持續地增加，但乳房攝影預防篩檢只能稍微減少晚期乳癌的病例數目，可以說是沒有達到篩檢的功效。同時，有接近三分之一的患者都是被過度診斷的，真正因為乳房篩檢而減少乳癌致死的患者人數，事實上並不多。

此文一出，似乎是乳房篩檢攝影的打臉文，但當然，這篇研究是對一個國家三十年篩檢結果的分析，並非要回答個人「我是否該接受乳房攝影篩檢？」這個問題的答案。關於個人乳房攝影篩檢要不要做？在幾歲時開始做？多年來不僅醫界的意見分歧，廣大婦女同胞們的想法也多所差異，所以我們先別因為這樣一篇論文就排斥乳房攝影篩檢為「多餘無用」。接下來，讓我們看看更多的證據，思考乳房攝影的價值。

首先，女性應該先了解關於自己的幾件事，這些也都是醫師評估病人為罹患乳癌高風險或低風險族群的一部分：

- 現年幾歲？
- 初經（第一次月經）時幾歲？
- 停經與否？
- 有無懷孕經驗？第一次懷孕是幾歲？
- 有無使用避孕藥的經驗？
- 飲食習慣、飲酒習慣、運動習慣為何？
- 過去病史？
- 家族病史？
- 家族裡有無乳癌的病患？

簡單來說，一個女性如果女性荷爾蒙暴露的時間越長，或是受基因影響，就比較可能會罹患乳癌。目前國民健康局建議四十五歲到六十九歲的女性，每兩年需要接受一次乳房攝影篩檢。

根據看診經驗，有的年輕病人會主動到門診詢問，希望在四十五歲之前就提前做乳攝篩檢；有的人則是覺得自己是被衛生所人員逼著進入診間的，無論檢查結果如何，都不打算再進一步觀察或治療。聽起來用意良善的乳房攝影，到底為什麼會有人抵死不從呢？而為什麼美國的總檢討報告裡面又會看不出功效呢？

因為許多時候，乳房攝影的檢查結果並不是黑白分明，一翻兩瞪眼，這是目前醫學的極限。有些乳房攝影的結果需要進一步做診斷性的放大乳房攝影，或是在六個月或一年後持續密集地追蹤與比較，觀察是否有變化，才有辦法區辨好壞。有時候在影像學上疑似惡性的組織，在接受切片檢查之後，會證實為良性，這種我們便會稱之為「偽陽性」。

所以，雖然乳房攝影成功地幫助了一些人發現早期乳癌，讓這些婦女得以在早期接受治療，而減少死於乳癌的機會。但也有一些婦女會遇到偽陽性的檢查結果，讓她們度過一段焦慮等待的時間，並需要接受手術切片才能證實罹癌與否。

至於偽陽性的機會多高？由美國大規模的統計研究裡顯示，婦女在接受每年定期乳房攝影檢查持續十年之後，有超過一半的婦女至少接到過一次偽陽性的結果，有7％到9％的婦

女會接受偽陽性的切片手術建議。因為乳房攝影的判讀，常常需要累積多年的個人資料來做比較，才能降低偽陽性的檢查結果。

那麼，有多少的人會「白做」乳房攝影呢？根據一份美國大規模資料分析的研究顯示，要讓一千九百零四個女性，從四十幾歲開始每兩年做一次乳房攝影，持續十一到二十年的期間，才能救到一個人，讓她免於死於乳癌。因此，剩下的那一千九百零三個人，可能就會覺得自己「白做」了這些檢查。

其實就如同人生裡的一切，沒有任何東西是純粹的好，抑或純粹的壞，當一項檢查能夠為部分人帶來益處，卻也不可避免地會為部分人帶來壞處，因此該要如何衡量取捨乳房攝影一直都是備受關注的議題。

至於從幾歲開始做乳房攝影比較適合？支持婦女從四十歲開始接受乳房攝影篩檢的人提出的證據是：乳癌是中年女性死亡的主因。乳癌的死亡患者裡，有六分之一是在四十幾歲的年紀，而瑞典的研究也指出，提供讓三十九歲到四十九歲的婦女接受乳房攝影的城市，十六年後能夠比不提供乳房攝影的城市在乳癌死亡率上減少29％。

至於建議女性從五十歲之後再開始做乳房攝影篩檢的人認為，若婦女從五十歲到七十四歲之間，每兩年做一次乳房攝影，每個人各自總共檢查十二次的話，一千名婦女裡會避免掉七點五個因乳癌死亡的案例，總共可以多活一百二十一年。不過相對的也會帶來九百四十個

因偽陽性結果而要做的診斷性攝影檢查，且帶來六十六個偽陽性的切片結果。

但若一千名女性從四十歲開始，每兩年做一次乳房攝影，那需要多做五次的乳房攝影篩檢。而這一千個女性只再多避免掉零點七個因乳癌死亡的案例，總共只多獲得二十一年的壽命，但會多帶來四百七十個因偽陽性結果而要做的診斷性攝影檢查和三十三個偽陽性的切片結果。

因此，乳房攝影篩檢在較年輕的女性身上比較不準確，能避免掉因乳癌死亡的機率有限，還會帶來比較高的偽陽性機會。若是把每兩年檢查變成每年檢查的話，其害處還會繼續上升。

從以上兩個研究可以看到，若婦女從四十歲開始接受乳房攝影篩檢，也就是多了十年篩檢時間的話，要篩檢大約一千四百三十到一千九百個人才能避免一個人免於死在乳癌，這樣似乎會弊多於利。因此，除非自身屬於罹患乳癌的高危險群，否則五十歲以後再開始做乳房攝影篩檢即可。

看完這些統計資料，相信依然有許多人舉棋不定。若不檢查，怕有癌症；做了檢查，又擔心輻射線、擔心有誤差。這樣一個矛盾的情境，其實就是現今醫學所面臨的重大問題。

隨著醫學的發展、檢查的進步，人們對於「健康」便會寄予更高的期待，希望能獲得更多的保證。三十年前，用手來診斷乳癌，能夠摸到一公分的腫瘤就算很不錯了；如今，在儀器的協助下，人類甚至可以找到零點一公分的癌症。

但是，為了偵測越微小的病灶，越來越多的不確定性也會伴隨而生，這就是人類必須付

出的代價。

如前文所說，讓一千九百零四個人接受十年檢查，只能避免一個人死於乳癌，那麼該不該繼續推行大規模的乳房攝影篩檢，這恐怕就不單單是醫學可以回答的事情了。該花費多少資源，拯救一個乳癌患者？這是經濟學的範疇；該不該讓許多人暴露於輻射線，只為拯救一個乳癌患者？這是倫理、哲學的討論。

當兩百萬人接受檢查，可以拯救一千個乳癌患者，究竟又值不值得？當您或您的家人因此被發現乳癌並得到治療，那又值不值得？當您或您的家人屬於偽陽性的那一群，那又值不值得？

我們都無法武斷地妄下結論，這個議題必須仰賴所有公民在得到完整的認知之後，取得共識方可有所公評。若是希望自己能因此受益，相對的便需要體認，自己也得承擔各種可能性及必要的犧牲。

生命就是如此，從來沒有全都拿的。

參考文獻：

● Archie Bleyer, H. Gilbert Welch, "Effect of Three Decades of Screening Mammography on Breast-Cancer Incidence", *N Engl J Med*, 2012;367:1998-2005.
● Hubbard RA, Kerlikowske K, Flowers CI, et al., "Cumulative probability of false-positive recall or

biopsy recommendation after 10 years of screening mammography: a cohort study", *Ann Intern Med* 2011;155:481-92.

- U.S. Preventive Services Task Force, "Screening for breast cancer: U.S. Preventive Services Task Force recommendation statement", *Ann Intern Med*, 2009;151:716-26.
- Smith RA, Kerlikowske K, Miglioretti DL, Kalager M., Clinical decisions, "Mammography screening for breast cancer", *N Engl J Med*, 2012 Nov 22;367(21):e31.
- Shapiro S, Venet W, Strax P, Venet L, *Periodic screening for breast cancer: the Health Insurance Plan Project and its sequelae*, Baltimore: Johns Hopkins University Press, 1988.
- Hellquist BN, Duffy SW, Abdsaleh S, et al., "Effectiveness of population-based service screening with mammography for women ages 40 to 49 years: evaluation of the Swedish Mammography Screening in Young Women (SCRY) cohort", *Cancer*, 2011;117:714-22.
- Mandelblatt JS, Cronin KA, Bailey S, et al., "Effects of mammography screening under different screening schedules: model estimates of potential benefits and harms", *Ann Intern Med*, 2009;151:738-47.

32 看頭髮就知道輪班工作壓力大？

◎蔡宇哲

輪班工作沒人愛，但偏偏在社會裡占有相當的勞工比例。許多研究都指出，長期輪班工作者容易肥胖，罹患高血壓、糖尿病與心血管疾病的風險都大幅提高。影響生理健康的因素除了生理時鐘紊亂外，可能也與壓力荷爾蒙──可體松（cortisol）長期偏高有關係。

由於可體松的濃度會受約日節律與許多因素影響，因此以往測量濃度總是會有時間上的侷限性，難以評估輪班工作者是否有長期可體松濃度偏高的現象。而最新的檢測方法解決了這個問題，也就是用頭髮檢測，一公分長的頭髮大約可評估一個月期間的可體松濃度。此研究以採樣三公分長的頭髮來評估輪班工作者的可體松濃度是否長期偏高。

研究者找了三十三位男性輪班工作者，輪班形態為兩天白班（06:00-14:00）→兩天午班（14:00-22:30）→兩天晚班（22:30-06:00）→休假四天，休假後再由白班重新輪起。對照組則是八十九位健康、正常工作形態的男性。研究方法除了讓這些參與者填問卷外，還有一項重要採樣就是剪一段頭髮。

結果由頭髮分析得知：輪班工作者的可體松濃度的確持續偏高，這情形主要發生在年輕的工作者身上（四十歲以下），年長的工作者就沒有明顯偏高的現象。除此之外，輪班工作者的ＢＭＩ也較高。

由此可知，輪班工作確實讓壓力荷爾蒙持續性地偏高，也意味著這些工作者處於長期壓力的狀態下，或許這便是導致眾多的生理疾病因素之一。這結果的發現雖無法立即解決輪班工作者的健康問題，但也提供了一個緩解的方向，那就是休假時別只待在家中（特別是年輕人），多多進行可讓自己放鬆的休閒活動吧！

參考文獻：

● Manenschijn L, van Kruysbergen RG, de Jong FH, Koper JW, van Rossum EF, "Shift work at young age is associated with elevated long-term cortisol levels and body mass index", *J Clin Endocrinol Metab*, 2011 Nov;96(11):E1862-5. doi: 10.1210/jc.2011-1551.

33 按摩有助於舒緩痠痛？

◎陸子鈞

比起按摩師傅的一雙巧手，或許基因的表現才是真正讓按摩能有效舒緩疼痛的關鍵。科學家發現，按揉痠痛的肌肉，能關閉一些和發炎反應有關的基因，同時啟動一些有助於舒緩肌肉的基因。這項發現也推翻了過去認為按摩能幫助肌肉排除乳酸和其他代謝廢物的說法，為這項傳統療法提供了可信的醫學解釋。

雖然按摩廣泛存在於許多文化和族群中，但科學家卻不清楚按摩會對肌肉產生什麼影響。過去有研究發現，按摩過程有適當的搓揉才能舒緩痠痛，但沒有人知道為什麼。也因為證據不多，讓許多醫生對按摩抱持保留的態度，但也不是全然否定。

加拿大麥克馬斯特大學（McMaster University）神經生物學家，塔諾帕斯基（Mark Tarnopolsky），他的腳幾年前在一場滑水運動意外中受到嚴重傷害，之後復健療程中的按摩引起了他的好奇。身為細胞科學家的他，對於細胞層級的機制感興趣，於是他組成研究團隊，成員還包括協助他復健的醫師，另外找來十一位年輕受測者，請他們為了科學研究而運動。

受測者先激烈運動十分鐘後讓肌肉痠痛，接著按摩師傅再按揉他們左腳或右腳，研究人員則收集沒有按摩、按摩十分鐘後，以及按摩三小時後的腿部組織樣本，並分析樣本中的基因表現。

在按摩後的腿部樣本中，找到較多關於細胞修復和發炎反應的特徵，不過這不稀奇，因為科學家過去已經知道運動會啟動和修復、發炎有關的基因。但讓研究團隊訝異的是，相較於沒有按摩而有按摩紓壓的腿部的 PGC-1alpha 基因表現程度多了 30%，這個基因能幫助肌肉細胞建造粒腺體（mitochondria），將細胞儲存的食物轉換成能量。此外，會引起發炎反應的 NFkB 基因，表現量也降低了三倍。這意味著，按摩能抑制運動後引起的發炎反應，加速復原，相關的研究成果發表在《轉譯醫學期刊》（*Science Translational Medicine*）。另外，研究也推翻了過去認為按摩能使身體排出乳糖及其他運動後的代謝廢物的說法。

參考文獻：

● Crane, J. D., Ogborn, D. I., Cupido, C., Melov, S., Hubbard, A., Bourgeois, J. M., & Tarnopolsky, M. A. (2012). "Massage therapy attenuates inflammatory signaling after exercise-induced muscle damage", *Science translational medicine*, 4(119), 119ra13-119ra13.

34 染髮會不會致癌？

◎劉育志、白映俞

人類嘗試染髮已有很長的歷史，在西元一六六一年倫敦出版的《藝術及自然的十八本書》裡，就詳細記載了各種把頭髮染成黑色、金色、白色、紅色、黃色及綠色的方法。

近年來，染髮已相當普遍，街上年輕人的頭髮更是什麼顏色都有，但偶爾我們會聽到「染髮會致癌」的言論，那麼究竟染髮會不會致癌呢？我們就先來討論每天都會碰到各種染劑的美髮師。

在二〇一〇年，《職業環境醫學雜誌》整合分析四十二個小型研究後發現，美髮師得膀胱癌的機率，是一般人的一點三倍；若這個美髮師執業超過十年以上，那他得膀胱癌的機率就是一般人的一點七倍。

接下來，我們當然會想問，如果不是美髮師，沒有天天碰染劑，也不是天天染，那偶爾染一次跟癌症也會有關聯嗎？

染髮與膀胱癌

有研究指出染髮會使罹患膀胱癌的機率增加，但也有研究持反對意見。二〇〇五年五月

份的《美國醫學會雜誌》（JAMA）統合七十九篇研究報告後，指出個人染髮並不會增加膀胱癌的機會。另外，曾有研究指出，如果美髮師使用手套，不碰觸化學物質，就會減少罹患膀胱癌的機率。

染髮與血液相關癌症

研究人員在一九八八年到二〇〇三年這十五年間，收集了四千四百六十一位女性淋巴癌患者，和五千七百九十九位女性非淋巴癌患者的資料，發現從一九八〇年之前就開始染髮的女性，得淋巴癌的機會是不染髮的人的一點三倍。

不過，每當有研究說染髮會增加血液相關癌症機率時，就會有研究持相反的意見，其結論還是滿衝突的。進一步探究後，目前又得知帶有某些基因的女性，比較容易受到染髮的影響，但仍待進一步的研究。

在一個針對東方女性染髮所做的大型研究中，追蹤七萬零三百六十六個上海女性七年後發現，有兩千四百三十七個女性罹患癌症，但染髮或不染髮並非罹癌的危險因子。

至於「多久染一次才會提高罹癌機率？」，這個問題還沒有明確的答案。科學家只有說，一個人染髮的次數越多，得到膀胱癌的機會就越大。

目前看來，多數的證據認為，「染髮」會增加血液相關癌症（像是淋巴癌、白血病等等），及些微增加罹患膀胱癌的機率，至於其他癌症與染髮之間的相關性就比較不明顯。

參考文獻：

- Harling M, Schablon A, Schedlbauer G, et al., "Bladder cancer among hairdressers: a meta-analysis", *Occup Environ Med*, 2010 May;67(5):351-8.
- Takkouche B, Etminan M, Montes-Martínez A, "Personal use of hair dyes and risk of cancer: a meta-analysis", *JAMA*, 2005 May 25;293(20):2516-25.
- Zhang Y, Sanjose SD, Bracci PM, et al., "Personal use of hair dye and the risk of certain subtypes of non-Hodgkin lymphoma", *Am J Epidemiol*, 2008;167(11):1321.
- Mendelsohn JB, Li QZ, Ji BT, et al., "Personal use of hair dye and cancer risk in a prospective cohort of Chinese women", *Cancer Sci*, 2009 Jun;100(6):1088-91.
- Yu MC, Skipper PL, Tannenbaum SR, et al., "Arylamine exposures and bladder cancer risk", *Mutat Res*, 2002 Sep 30;506-507:21-8.

35 除了血型，人類有「菌型」？

◎陸子鈞

你知道嗎？除了四種基礎血型之外，依照腸道菌的不同組成，人類大略還可以分出三種「菌型」。這項發現或許有助於我們了解肥胖或腸道炎的成因，還可以讓醫療方式的設計更符合個人體質。

起初，研究團隊想了解腸道菌與疾病的關聯，數據分析卻顯示腸道菌落的類型和性別、年紀、國籍或飲食無關，使研究團隊意外發現腸道菌有三種不同形態的族群，因此提出了幾種可能的解釋：一、腸道菌落類型，是由個人的血型所決定。二、在我們的結腸中，有三種主要的化學反應路徑，去除食物發酵過程釋出的過多氫氣，「菌型」便是由這三種新陳代謝路徑所決定的。三、嬰兒時期還在發育中的免疫系統，接觸到的微生物決定了往後的「菌型」。

一個人的「菌型」能決定他是否可以吃所有他想吃的食物，並且保持好身材，還有他在生病時是否會比其他人更容易感到腸道疼痛，及代謝藥物的能力。不過科學家不確定腸道「菌型」會不會隨著時間，或者因為穩定食用像是益生菌、優格之類的食物而改變。

研究團隊以基因作為指標，辨識糞便中的細菌，並將二十二位歐洲人的結果和十七位來自美國及日本的資料比對。當研究人員在分析樣本間的相似性時，樣本恰巧被清楚地劃分成

三群，雖然報告中的樣本數量不大，但他們已經收集超過了四百份樣本，而分群的現象卻依然存在。

「菌型」目前以菌落中的優勢屬為名：*Bacteroides*、*Prevotella* 和 *Ruminococcus*。*Bacteroides* 已經被知道擅長分解碳水化合物，所以這種「菌型」的人，可能較難肥胖；而 *Prevotella* 則傾向於分解腸道黏液，可以想見，這會增加腸道疼痛的機率；一些 *Ruminococcus* 會幫助細胞吸收醣類，可能對體重增加有貢獻。

研究生長在我們身體內及表面的細菌的重要性才剛起步，因為它們數量龐大，超過我們身體所有細胞數量的十分之一。而對囓齒類來說，已經有研究證實腸道菌會影響牠們的體重和抵抗疾病的能力。美國的人類微生物計畫，正在試著分類生長在我們鼻腔、口腔、皮膚、腸道、尿道及生殖道的細菌，而發表這篇研究的歐洲人類腸道研究團隊，則著重於腸道菌。

研究團隊的成員強調，每個人可能帶有上千種菌種，目前我們所知的資訊仍不足以找出「菌型」的基本影響。

參考文獻：

● Arumugam, M., Raes, J., Pelletier, E., Le Paslier, D., Yamada, T., Mende, D. R., ... & Bork, P. (2011), “Enterotypes of the human gut microbiome”, *Nature*, 473(7346), 174-180.

36「無線人工視網膜」拯救你的惡視力？

◎dr. i

俗語說：「眼睛是靈魂之窗」，它主掌著我們日常生活最重要的感官之一，但是當它發生病變看不見時，有什麼辦法能夠拯救它？以前想都不敢想的人工眼睛，像是電影「魔鬼終結者」的生化人阿諾一樣的科技，也許離我們並不遠。雖然沒有那麼科幻，但是確實已經有能夠植入人眼的晶片，代替破損的視網膜。

台灣視網膜病變的人數之多居東亞之冠，從一九九九年至二〇〇三年間，全民健康保險研究資料庫的統計顯示，台灣罹患視網膜病變的人數有近十九萬人之多，是總人口的0.8%，也就是說每一千人中有八個人有視網膜病變，這與美國的罹患率萬分之一多出了八十倍！原因是與高度近視人口有關。

由此可見，人工視網膜這項科技對於台灣人的未來醫療來說，會是個非常重要的民生科技。它是一個可以植入眼球後方視網膜上的晶片，當光線從物體進入眼球中並照射到晶片時會產生電流，刺激視網膜神經產生訊號，再傳遞到大腦，但是這項技術需要連結一顆外部電池，通常是裝在耳朵的後方。

而最新由美國史丹佛大學研發的技術，能讓人工視網膜變成無線式的。基本上它的供電

系統與太陽能電池相當，患者會戴上一個特製的眼鏡框，從這個鏡框會發出紅外線脈衝波直接打到視網膜的晶片上，供給晶片運作所需要的電源。

無線人工視網膜可以去除原有連接到外部電池的線路，大幅降低手術的風險和後續使用上的不便，真的會是一項改善人類生活的重要科技！

參考文獻：

● *Nature Photonics 6*, 391–397 (2012) doi:10.1038/nphoton.2012.104.

37 運動讓注意力更集中？

◎謝承志

根據美國精神病協會（American Psychiatric Association）的研究，有發展協調障礙（developmental coordination disorder, DCD）的兒童，是指在動作上有缺陷，如動作不協調，但無任何可以診斷的神經缺損者。

國立成功大學體育與健康休閒研究所副教授蔡佳良，長期進行相關研究，發現DCD兒童不只有動作控制層面的缺陷，甚至在注意力的處理上，例如注意力網路、注意力抑制控制等亦有缺陷。例如說教室外有陌生人走過去，DCD兒童就無法專注於聽講，非得看上他們一眼等，比起一般兒童較為難於專注，也就是說他們在訊息處理時就已有缺陷。

在國小階段的兒童正是注意力網路的發展急遽時期，而根據之前的研究，運動有益於促進注意力表現，研究者便試圖利用運動來提升DCD兒童的注意力表現，進而試圖改善DCD兒童的症狀。

這個實驗有三組受試兒童，分別為一組一般兒童，與兩組DCD兒童，其中一組DCD兒童接受十週的足球運動訓練，另一組則無。共同參與研究的陽明大學神經科學研究所博士生王駿濠表示：「用足球進行訓練，乃是因為足球是一種全身性運動，需要快速地轉

換注意力，並且需要複雜的動作控制整合，包括協調、速度、敏捷、耐力與爆發力。」

研究結果發現，原本比起一般兒童，DCD兒童在視覺空間注意力調節作業時較為緩慢，且抑制控制能力較差；但接受十週足球訓練後的DCD兒童，在行為結果與腦電波結果都顯著地趨向一般兒童的情況。

蔡佳良教授說：「這個實驗初步顯示，運動有助於提升DCD兒童的注意力發展，進而改善動作控制的狀況。未來我們也試圖將運動對大腦的好處，用更多不同的高階認知功能作業證實。」

參考文獻：

● Chia-Liang Tsai, Chun-Hao Wang, Yu-Ting Tseng, "Effects of exercise intervention on event-related potential and task performance indices of attention networks in children with developmental coordination disorder", *Brain and Cognition* (2012).

38 為什麼手指遇水會皺起來？

◎dr. i

大家一定都知道，將手指浸泡在水中幾分鐘，馬上會發覺它不但變軟，還會皺起來。不過，你知道這是為什麼嗎？

英國新堡大學的研究團隊近日實驗發現，這個由身體自然產生的反應，是為了我們在接觸和拿取濕潤的物體時，能夠抓得更穩固，就像是輪胎上的胎紋一樣。而這樣的特徵用於乾燥的物體上，則沒有相同的效果。

科學家還指出，手指皮膚遇水變皺的機制，並不如一般人想像的是單純的皮膚吸收水分而變皺，真實的原因是自主神經系統的自然反應，讓遇水的微血管壓迫表皮而產生了皺紋。

該研究團隊的科學家史莫得博士（Dr. T. Smulder）表示，如果這個現象是單純的吸水膨脹所引起的，那麼這很可能不代表有什麼特別的功能。但是，若是因為神經所產生的生理反應，這就代表這個現象在人類的演化史上有著特殊的功能和意義。

「現在想要進一步了解是不是在其他動物的身體上也找得到同樣的機制，如果是的話，這代表它的功能是比較廣泛的，像是有助於接觸濕潤的樹木或植物。」史莫得博士說，「但如果只在人類身上找到，表示它的功能是很特殊的，例如是在溪流中的行走攀爬。」這樣的效

果很可能可以幫助我們的祖先在溪流中行走並尋找食物。

參考文獻：

- Science puts wrinkled fingers to the test, BBC.
- Kyriacos Kareklas, Daniel Nettle and Tom V. Smulders, “Miguel Figueiredo Water-induced finger wrinkles might support the Aquatic Ape Theory”, Biology Letters published online, January 14, 2013.

39 手淫有害健康嗎？

◎陸子鈞

到底頻繁手淫（或稱「自慰」）會不會對健康有害？怎樣的頻率又算「太頻繁」？過去的歷史曾將手淫視為一種「淫邪」的行為，在十八世紀時，醫生甚至認為手淫是一種精神疾病。這些說法或多或少還留存至今，不過有幾分是事實？

越來越多研究顯示手淫並不是一種疾病，相反地，手淫和較健康的生理、心理狀態有關，像是自尊心，而且對男性而言，也比較不容易罹患前列腺癌。比較神奇的是，手淫還能減緩鼻塞的問題，這對正在感冒或者患有鼻炎的人來說，還是便宜又自然的療法。此外，從公共衛生的角度來看，手淫能減少一個人擁有性伴侶的數量，降低感染性病的風險。

至於手淫次數怎樣才是「太多」？專家們則沒有一個確切的看法，認定一週或一天中手淫幾次就算過度。根據一則二〇〇二年發表，針對兩百二十三位匿名的男大生所作的調查，他們平均一個月自慰十二次，大約是女大生的五倍之多。不過這並不表示這個頻率就是「正常」，因為還得考慮除了次數以外的其他因素，所以無論你一個月自慰多於或少於這個次數，都無關好壞或者對錯。

頻繁的性高潮有益健康嗎？

既然手淫和健康的生理還有心理有關，那麼性行為中的「高潮」，無論一個人或兩個人，也有一樣的效果嗎？

根據一則二〇一〇年發表的研究，穩定的性行為可能讓你變得更聰明。科學家將公老鼠分成兩組，一組在實驗期間只能和母老鼠交配一次，另一組則可以每天都和母老鼠交配。兩週後，科學家發現較頻繁性交的那組公老鼠，和只性交一次的公老鼠相比，有較多腦神經發育，除此之外體內的壓力荷爾蒙濃度也較低。這顯示性交有助於認知功能的發展，還能降低壓力。

人類方面也有類似的研究報告，像是剛墜入愛河的戀人，血液中神經生長因子（nerve growth factor）的濃度會提高。另外，也有報告指出，穩定關係的情侶發生性行為之後，隔天較不會感到壓力。

對生理層面的好處呢？一則二〇〇四年發表的研究中，科學家找來男性受測者，要他們自慰到性高潮，除此之外沒有其他性活動。而在受測者自慰前、達到性高潮後五分鐘還有四十五分鐘時，要抽血檢查白血球、淋巴細胞還有由細菌引發的白介素6（interleukin 6）……等等和免疫有關的資料。結果顯示，與對照組相比，高潮後的男性受測者有較佳的免疫系統，血液中的白血球數量較多，特別是殺手細胞。

如果性高潮能增強人的免疫系統，那是否也能使人更長壽呢？科學家在一九七九到一九八三年間，追蹤九百一十八位介於四十到五十九歲的英國男性，調查他們的性高潮頻率，還有這十年間的死亡率。結果發現，最頻繁得到性高潮的這些受測者，比起最不頻繁的那群人，死亡率降低了50％。雖然影響死亡率的因素很多，不過頻繁的性高潮和降低心血管疾病風險之間有很明顯的關聯性。

整體來說，我們不能斷定頻繁的性高潮能讓你更聰明或者更長壽，不過看起來它對健康是有益無害的。

參考文獻：

● Hurlbert, D. F., & Whittaker, K. E., "The role of masturbation in marital and sexual satisfaction: A comparative study of female masturbators and nonmasturbators", *Journal of Sex Education & Therapy*(1991), 17, 272-282.

● Giles, G. G., Severi, G., English, D. R., McCredie, M. R. E., Borland, R., Boyle, P., Hopper, J. L., "Sexual factors and prostate cancer", *British Journal of Urology International*(2003), 92, 211-216.

● Zarrintan, S., "Ejaculation as a potential treatment of nasal congestion in mature males", *Medical Hypotheses*(2008), 71, 308.

● Pinkerton, S. D., Bogart, L. M., Cecil, H., Abramson, P. R., "Factors associated with masturbation in a collegiate sample", *Journal of Psychology and Human Sexuality*(2002), 14, 103-121.

● Leuner, B., Glasper, E. R., Gould, E., "Sexual experience promotes adult neurogenesis in the hippocampus despite an initial elevation in stress hormones", *PLoS ONE* 5(7): e11597. doi:10.1371/journal.pone.00115972(2010).

● Emanuele, E., Politi, P., Bianchi, M., Minoretti, P., Bertona, M., Geroldi, D., "Raised plasma nerve growth factor levels associated with early-stage romantic love", *Psychoneuroendocrinology*(2005), 20, 1-7. doi:10.1016/j.psyneuen.2005.09.002.

● Ein-Dor, T., Hirschberger, G., "Sexual healing: Daily diary evidence that sex relieves stress for men and women in satisfying relationships", *Journal of Social and Personal Relationships*(2012), 29, 126-139. doi: 10.1177/0265407511431185.

● Haake, P., Krueger, T. H., Goebel, M. U., Heberling, K. M., Hartmann, U., Schedlowski, M., "Effects of sexual arousal on lymphocyte subset circulation and cytokine production in man", *Neuroimmunomodulation*(2004), 11, 293-298. doi: 10.1159/000079409.

● Davey Smith, G., Frankel, S., Yarnell, J., "Sex and death: Are they related? Findings from the Caerphilly Cohort Study", *British Medical Journal*(1997), 315, 1641-1644. doi: 10.1136/bmj.315.7123.1641.

40 專注於音樂中可緩解疼痛？

◎蔡宇哲、孫嘉璜

台灣人每年花在止痛藥的費用上很龐大，顯見對於止痛的需求極高。但是止痛藥吃多了可不好，花錢又傷身，是否有其他方法可以舒緩疼痛呢？研究發現，聆聽音樂或許是可以考慮的一種方式。

猶他大學疼痛研究中心（University of Utah Pain Research Center）的研究者認為，若讓人們將注意力集中在音樂上，就可以降低疼痛的感受，因此他們找了一百四十三位健康的參與者，每人都經歷了有音樂和無音樂的情境，並於其後接受三種不同程度且安全無虞的手指電擊，藉此評估對於疼痛的敏感程度。

這些參與者都被要求要盡量投入在音樂情境中，研究者在試驗進行的同時收集參與者的生理反應，像是：瞳孔收散度、皮膚反應……等，來當作疼痛誘發壓力的指標，並讓他們評估自己的焦慮和專注程度，以比較個體差異性。

研究結果發現，專注於音樂中確實可以減緩疼痛，而且在高焦慮或高專注的人身上的效果較佳。由於聆聽音樂與疼痛感受這兩者可能是會互相抑制的，因此藉由對音樂的專注來轉移對痛覺的注意力確實是可行的。除了音樂以外，另一個重要因素則是需要專注投入！這項

研究也發現不管疼痛多輕微，都會因為參與者對音樂的專心程度而有所影響，所以若沒有專注投入的話，舒緩疼痛的效果便會大打折扣。看來專注投入於某件事物也能夠有減低疼痛感受的功用，這也難怪中國古代野史裡傳說，關公在刮骨療毒時要邊治療邊與人下棋聊天了，因為要將注意力專注於他處，這樣才比較不會痛啊！

或許日後還可針對各種不同的痛覺和音樂種類做進一步的研究，找到合適的旋律來舒緩人們的各種疼痛感，這樣以後當我們感到疼痛時，止痛的首選就不是找藥來吃，而是拿張ＣＤ來聽音樂了。

參考文獻：

● Bradshaw DH, Donaldson GW, Jacobson RC, Nakamura Y, Chapman CR, "Individual differences in the effects of music engagement on responses to painful stimulation", *J Pain*, 2011 Dec;12(12):1262-73. doi: 10.1016/j.jpain.2011.08.010.

人為什麼愛看八卦新聞？——大腦篇

41 腦科學家告訴你，為何你的數學學不好？

◎謝承志

數學是一門不論你喜歡與否都必須要學的學科，然而有人讀起來像火星文，也有人像計算機對付加減乘除一樣，行雲流水、易如反掌。為此，腦科學家試圖研究數學能力的好壞與大腦之間的關係，發現這可能是左右腦彼此溝通所導致的差異。

過去已有研究指出，位在大腦正上方的頂葉皮質（parietal cortex）與數學能力有關；位在右腦的右側頂葉與基本的數量處理有關，像是估計糖果罐中有幾顆糖等等；而位在左腦的左側頂葉，則與精確的數值運算有關。

由杜克大學的 Joonkoo Park、德州大學的 Denise Park 與密西根大學的 Thad Polk 共同合作，使用功能性核磁共振造影（functional magnetic resonance imaging, fMRI）的研究，則延伸過去的研究，試圖找尋出左右側頂葉是否有互相合作的關係。

這項實驗找了二十七位健康的年輕受試者，觀察他們在進行基本數字與數學運算時的大腦活化情形。一項作業是判定兩張不同數量的形狀物件是否相等，另一項則是用這兩種形狀物件進行加減運算，而這兩項作業都是簡單的數字，不是刁鑽的數學問題。

fMRI 的實驗結果確認了右側頂葉與基本數量處理有關，左側頂葉與加減計算有關，但

同時他們更發現，在進行加減運算時，兩腦區之間的交流比起單單進行數量判斷時有顯著增加，而兩腦之間交流的情況越明顯，受試者回答問題時也更快速。這樣的結果似乎也說明了有計算障礙症（dyscalculia）的人，可能是因為左右側頂葉的溝通功能受損或較差。

如果左右側頂葉之間的連結確實如這個實驗結果的話，那麼研究如何訓練頂葉連結，不但可能增進數學能力，還可以訓練數字相關認知功能變差的年長者，更可以幫助一直以來數學不好的人。

參考文獻：

● "Parietal Functional Connectivity in Numerical Cognition", *Cerebral Cortex*.

42 工作努不努力，和大腦結構有關？

◎謝承志

我們都知道，辦公室裡有懶惰的員工也有為工作十分拚命的員工，但他們個別的腦內狀況不同，則是一個大家都不知道的秘密。如今這個神秘面紗，在田納西州范德比爾特大學心理系 David Zald 教授的研究團隊帶領下，使用ＰＥＴ腦造影技術的實驗中揭開了！

這項研究發現，大腦中三個特定腦區的多巴胺分泌，強烈地影響了一個人的工作意願。

這個實驗找了二十五位健康受試者（其中一半是女生），年紀落在十八到二十九歲區間。受試者必須完成按鍵反應：首先受試者可以自行選擇按鍵反應的難易度（註），若成功完成按鍵要求，簡單的實驗酬勞會有一塊錢美金，較難的實驗最高則會有四美金；但並不是每次完成要求都一定有酬勞，因為會有一些必贏和必輸的關卡在裡頭，所以也會預先告知其獲得酬勞的機率（有低、中、高三種），每次的按鍵實驗大約為三十秒，總共會重複二十分鐘。

實驗結果發現，有強烈意願為報酬工作的「拚命三郎」型工作者，也就是願意答難題、低酬勞機率者，在紋狀體（striatum）與腹內側前額葉（ventromedial prefrontal cortex）會有較高的多巴胺分泌，而這兩個腦區在過去的研究中顯示與酬償和動機有關。至於較少意願為報酬工作的「懶惰蟲」型工作者，也就是只挑簡單題、高酬勞機率者，則是在前腦島

（anterior insula）有較高的多巴胺分泌，這個腦區則與情緒和危機感有關。

過去已經有動物實驗發現，老鼠身上的多巴胺對於報酬的動機有關鍵影響，而這個新的研究則告訴我們，多巴胺如何定義報酬尋求者的個別差異：當多巴胺在前腦島的分泌增加，與降低工作意願（甚至意味賺比較少的錢）有關。不過，這個實驗其實原本是在一個研究測量憂鬱狀況或心理狀況混亂、動機降低的大實驗計畫中，主要是對於注意力不集中、憂鬱症、精神分裂症等的用藥提供新的想法；而目前依照這些症狀所服用的藥物，會影響多巴胺分泌的多寡，卻忽略多巴胺在不同腦區會產生不一樣的作用。

這個實驗結果提供多巴胺在不同腦區的功用可能造成不同效果的事實，而未來如果可以用神經系統來觀察這些疾病的症狀，就更能對症下藥！

令人格外好奇的是，要是能持續追蹤這些受試者的資料，他們的不同個性是否會影響到長期成就？如果能持續測量受試者特質，像是有多少意願努力維持長遠目標？肯定非常有價值！

參考文獻：

● "Dopaminergic Mechanisms of Individual Differences in Human Effort-Based Decision-Making", *The Journal of Neuroscience*.

（註）較難的按鍵反應是在二十一秒內用非慣用手的小指，連按按鍵一百下；簡單的則是在七秒內用慣用手的食指連按按鍵三十下。

43 學習外語，可以提升腦力？

◎謝承志

在瑞典的武裝部隊口譯學院裡，他們習慣以軍事化教育訓練學生，結果學生們學習新語言的速度非常迅速，從生疏到流利地使用一種新語言，大約只需要十個月的時間。校方對學生進行高壓訓練——每週記憶三百到五百個新單字，週一到週五的早上八點到睡覺前，除了語言課程與一對一的語言學習之外，還穿插軍事訓練；假日則輕鬆一些，不過白天還是有一對一的語言訓練。

一群學者對此感到好奇，這樣嚴格的語言訓練，是否會改變腦皮質的厚度與海馬迴的大小？他們便用核磁共振（magnetic resonance images, MRI）觀察這些人在學習新語言前，與學習後三個月的腦部差異，以及這些差異與該語言能力之間的關係。此外，與這個施以嚴格語言訓練相對比的控制組，則是優密歐大學醫學與認知科學系的學生，他們也很認真學習，只是專攻的並非語言。

經過三個月緊鑼密鼓的學習，嚴格組比起控制組的海馬迴（hippocampus，記憶處理）體積增加了，而過去研究所知道的與學習語言有關的重要腦部區域：左側的額中迴（middle frontal gyrus, MFG，部分發音拆解，以及計畫發音拆解相關的腦部區域）、額下迴（inferior frontal gyrus, IFG，與文字構音、發音拆解相關的腦部區域）與顳上迴（superior temporal gyrus, STG，接收語音相關的腦部區域）的腦皮質也增加了。

隆德大學的心理研究學者 Johan Mårtensson 表示：「我們很驚訝，腦區不同幅度的發展與學生表現，和他們付諸多少努力學習有關。」學生的右海馬迴與左顳上迴的增加幅度較大，則外語學習技巧與外語熟悉程度較優於其他學生；付諸較多努力學習語言的人，則是額中迴增加較多。

因此研究者認為，成人學習外語會增加語言相關腦區的皮質，尤其是海馬迴與左顳上迴，對於學習新語言特別重要。而根據過去研究指出，阿茲海默症在雙語或多語言能力的人身上，通常較晚發生。

雖然只用三個月學習語言，並不能和一輩子的雙語能力相提並論，不過透過這個研究結果可以說明，多學習語言是個能把大腦維持在良好狀態的好辦法！

參考文獻：

● "Growth of language-related brain areas after foreign language learning", *NeuroImage*.

44 如何評估一個人的可信度？

◎謝承志

許多人一定會很好奇，在社交場合中，要如何對一個人的可信度進行評估？

維吉尼亞理工醫學院（Virginia Tech Carilion）的科學家發現，腦部與「懷疑」有關的區域有兩個：其一是處理恐懼與情緒記憶的杏仁核，其二是與敘述記憶和場景認知有關的側海馬迴（parahippocampalgyrus，圍繞海馬迴的灰質區域）。

維吉尼亞理工醫學院人體神經造影實驗室的主持人Read Montague，也是這個實驗的主持人表示：「我們的實驗結果發現，不信任的基準與杏仁核有強烈關聯，而不信任的基準可能是根據一個人對他人可靠程度的看法、當下的情緒，以及所處的情況。令我們驚訝的是，當他人的行為引發了我們的懷疑時，側海馬迴就會活化，這彷彿像是一個天生的謊言偵測腦區。」

這個實驗共有七十六組受試者，每組有一人扮演買家、一人扮演賣家，玩一個六十回合的交易遊戲，同時進行功能性核磁共振造影。

每一回合開始，買家會先被告知商品價值，而後建議賣家開價金額，賣家會在聽完建議之後才開價。如果賣家開的價錢比商品價值低，就會成交，成交後賣家收到成交金額，買家則可以獲得利潤（商品價值減去成交金額）；反之不會成交，買賣雙方都不會有收入（但玩家不會知道交易結果）。

在這項實驗中，根據之前的研究結果，因為使用不一樣的策略將買家分成三種：四成二的買家屬於漸進主義（incrementalist），相對其他兩種買家，他們的開價建議最忠於商品價值；三成七的買家採保守策略（conservative），將資訊不透明化（withholding information）；另外的兩成買家則是謀略者（strategist），他們積極地欺騙，採取類似漸進主義的行為，面對低價值商品時提供高價建議，而為了謀取更高利益，在面對高價值商品時反而提供低價建議。

賣家因為有金融上的刺激（monetary incentive），想正確地去理解買家的策略，但他們並不會知道買家提供開價建議的正確性，也無法確認這項開價建議是否該被懷疑，所以賣家等於被強迫用開價建議來判定買家是否值得信任。「當賣家

對買家的信任度越低，側海馬迴的活化程度就越高。」Montague 這樣做出結論。

研究者認為一個人的懷疑基準點，也許可以推論他的理財成就，「高度存疑者通常與公平且值得信賴的買家交易，所以如果忽視買家提供的開價建議，等於放棄了可能賺錢的機會。」

本研究的第一作者 Bhatt 說：「有能力在這充滿競爭的環境去識別他人的可信度，和偵測不值得信任的行為，一樣重要。」

這個結果可能也提供了一些精神疾病的狀況（如偏執症與焦慮症），Montague 便說：「當杏仁核的活化增加，但沒有能力去偵測不信任行為時，可能說明了焦慮症患者在社交互動時的腦部情況。」

因此，下次被騙時，請別再責怪自己好傻好天真，也許這其實是你的大腦所造成的！

參考文獻：

● “Distinct contributions of the amygdala and parahippocampalgyrus to suspicion in a repeated bargaining game”, *PNAS*.

45 創業家、冒險者的腦部活動與眾不同？

◎ dr. i

有些人的腦袋裡，似乎天生就存在一些「不安分」的因子，喜歡冒險、也喜愛尋求挑戰，而美國布朗大學的研究團隊在《*Neuron*》期刊中所發表的最新研究結果也指出，這些天生的冒險家比較善於利用他們腦中的相關部位來評估風險與報酬。

科學家利用核磁共振技術，掃描一群參與實驗的民眾，並且在他們回答一連串經過設計的問題時，檢視他們腦中的活動區塊，答對問題的話就會加分，而且不確定性越高的問題，給的分數也越多。

實驗過程中發現，其中約有一半的人會挑選高風險、高報酬的題目作答，而他們腦中所亮起的區塊則集中在右前腦（Right rostrolateral prefrontal cortex）。這代表愛追求高風險、高報酬的冒險型的人，

如創業家、探險家等等，比較會利用腦部的這個區塊去進行風險評估，學者也指出，冒險型的人較會用積極的態度去面對問題來降低風險。

其實這也不難發現，像是許多創業家的嗜好就是環遊世界，去一些比較危險的國家，像是非洲和南美洲的亞馬遜森林等等地方，原來是有關聯的！腦部有塊區域可以讓人成為更好的創業家，因此不妨好好訓練自己一下吧！

參考文獻：

- " 'Explorers' use uncertainty and specific area of brain", Brown University.
- David Badre, Bradley B. Doll, Nicole M. Long, Michael J. Frank, "Rostrolateral Prefrontal Cortex and Individual Differences in Uncertainty-Driven Exploration", *Neuron*, 9 February 2012 (Vol. 73, Issue 3, pp. 595-607).

46 人為什麼常常會忘東忘西？

◎ Sidney

你是否發生過這樣的事？本來你為了做一件事而走進廚房，只是當你真的走進廚房後，卻很驚訝地發現，自己居然忘記來這邊的目的到底是什麼！找鑰匙？喝水？吃東西？……腦袋中一片空白，不知道自己到底是怎麼了？

我們常常把健忘歸咎於年紀大了或是性別問題，但實際上健忘的問題很可能是出在「干擾」之上，也就是每個人其實都可能會發生忘東忘西的窘況，不管你幾歲，這都是有可能發生的。

多年來，科學家們已經應用腦部影像技術來研究記憶力的問題。研究結果發現，我們的大腦是以一系列的網路進行運作，不同區域無時無刻都在彼此溝通聯繫，當你正試著記住某件事情的時候，腦部便會開始建立一個新的網路，但一旦建立好的網路出現中斷，我們的記憶就可能會出問題。

那麼，究竟是什麼原因導致這個網路中斷呢？科學家們認為「干擾」會危及我們的專注能力。在我們的生活環境中，很多事物都能成為「干擾」，如手機鈴聲、餐廳裡其他人聊天的聲音等等，這些都有可能成為干擾源。過去已經有研究發現，當一個人暴露在充滿干擾的環境當中，他們回憶的能力便會顯著下降。

如何預防記憶流失？

即便如此，還是有些人在面對干擾時，依然能維持腦部的網路進行。因為就是會有人不曾忘記朋友的臉，或是總是記得每一個人的生日。

為什麼會這樣呢？因為有些人在維持或是活化他們腦部網路的能力上會比其他人好，而這也是科學家們想要了解導致個體記憶差異的原因。

要如何減少干擾呢？

現實生活中，我們不太可能與世隔絕，但我們能夠學習專注於手上的任務。比如，當你正在寫等一下要出去採買東西的清單，此時就不要理會電話鈴聲響起或是讓思緒飄到其他事情上。接著，在心裡不斷地演練要做的事情，並把它放在心上，直到你完成任務為止。

此外，我們也能夠藉由不斷練習訓練大腦去回憶起資訊。其實大腦是相當具有可塑性的，或者是在面臨挑戰的時候會越來越強，因此若能經常測試自己的記憶力，就能讓它越來越好。下次請試試看，去超市採買之前不要列出清單，看看你能記住多少要購買的物品。

如何記住對方的名字？

第一次認識某個人，有的時候你能在那之後依然記住對方的名字；但也有的時候，你壓根就忘記那個人叫什麼。其實關鍵就在於你是否專心。當你不把注意力放在「人」身上時，就很容易會在經過十幾分鐘的談話後，還是不記得對方叫什麼。因此，下次當你遇到某個初次見面的人，請集中注意力，並在腦中不斷地重複對方的名字，這樣一來你應該就可以記住對方的名字。

參考文獻：

● Cowan, Nelson, et al., "On the capacity of attention: Its estimation and its role in working memory and cognitive aptitudes", *Cognitive psychology* 51.1 (2005): 42-100.

47 大腦有預測香味的能力？

◎蔡宇哲、劉怡青

當你正置身於花海當中，漫步之餘應該不免會低頭聞聞花香。我們總覺得香味感受是從鼻子靠近花朵後才開始的，但其實在你停下來準備去聞那朵花之前，大腦已經將感覺系統中類似的花香感受準備好了。一項研究發現，大腦會使用預測編碼（predictive coding）的方式來產出特定氣味的「預測模板」（predictive templates），如此就能在味道尚未撲鼻而來時，就先為你設定一個心理預期的氣味了。

在這項研究中，參與者需執行「氣味搜索任務」，並同時接受功能性磁振造影，以觀察腦部活動情形。研究人員會事先告知參與者要搜尋某種特定氣味，接著會開始倒數計時，讓參與者預期氣味出現，接著參與者在聞到之後則需以按鈕表示是否聞到要搜尋的特定氣味。在實驗中，出現的氣味有一部分會與預期氣味相同，但有部分則是不同的，甚至有些要搜尋的目標氣味還會被藏在眾多氣味之中。

結果我們發現，在得知要尋找的目標氣味後，參與者在還沒實際聞到氣味前，大腦就會先呈現特定的活躍模式。之後若實際聞到了被指定的目標氣味，那麼此活躍模式將會變得更集中且明顯；但若是並未聞到指定氣味，則此活躍模式會逐漸分散消去。這情形表示大腦確實在聞到味道之前就已經先做好準備，等實際聞到時會看是否符合預期，再來加強或削弱已經準備好的活躍模式。

大腦這種對感官刺激預測編碼的模式可以幫助生物體更容易存活，因為這可以讓我們在應對生活中的刺激時，能夠更加快速且精確反應。比方說，你想知道食物是否已經發酸壞掉了，那麼在還沒聞到味道之前，大腦內就會先形成一個臭酸味道的模板，如此能讓你在判斷食物是否腐壞時更加準確，也因此讓你少掉了吃下壞東西而導致生病的機會，這就是預測模板提供給我們生存上的重要優勢。

參考文獻：

● Zelano C, Mohanty A, Gottfried JA, "Olfactory predictive codes and stimulus templates in piriform cortex", *Neuron*, 2011 Oct 6;72(1):178-87. doi: 10.1016/j.neuron.2011.08.010.

48 長期背痛和腦有關？

◎陸子鈞

你有過背部莫名疼痛的經驗嗎？不過運氣好的話，即使沒有處理，幾天之後疼痛也會漸漸消去。但同樣是飽受疼痛，有些人就沒這麼幸運了，他們的疼痛甚至會持續數年之久，然而這種長期疼痛的問題或許不是出在疼痛的部位，而是在大腦。科學家比較了這兩種不同疼痛的患者的腦部掃描，找到了一些兩者間的差異，或許未來可以用這個結果來鑑定誰會發展成慢性疼痛，還可以設計新療程來解決疼痛問題。

過去二十年來，西北大學（Northwestern University）神經科學家凡尼亞・亞帕林（Vania Apkarian）進行了許多實驗，比較慢性疼痛患者和健康成人的腦部掃描，發現兩者在構造和腦功能區域都有差異。但是因為實驗設計得不夠精準，很難指出是腦部的什麼差異造成慢性疼痛，也或者其實是止痛劑、生活模式或疼痛本身引起這些差異。

因此，亞帕林的研究團隊改變研究方法，改為追蹤背痛患者的腦部掃描變化。研究團隊找來了三十九位持續一至四個月、在自我量表上顯示中等疼痛（十級量表中填寫五、六級者）的患者，往後一年內掃描腦部四次，並追蹤他們背痛的情形。到了實驗末期，有二十位患者已經痊癒，另外十九位則持續性地感到疼痛。

研究團隊從掃描結果檢視這些患者的大腦幾處神經傳遞訊息量的變化，包括伏隔核（nucleus accumbens）和腦島（insula），不僅痛覺功能區和慢性疼痛有關，調控情緒的腦功能區也參與其中。伏隔核和腦島掌管人類學習還有對環境的情緒反應，慢性疼痛患者不僅在這兩區域間的訊息傳遞量增加了，而且這些增加從研究初期就已經發生，表示或許一開始就能藉此預期患者將發展成長期疼痛，不過要從腦部掃描結果做出預測，還需要更多的研究資料。

以往只能靠患者主觀評估疼痛程度，但根據這項新發現，就可以藉由腦部掃描來診斷，而且研究成果還能應用於檢查出慢性疼痛的好發族群，或許未來還能因此開發出減緩伏隔核和腦島之間神經訊號的止痛藥物。

參考文獻：

● Baliki, M. N., Petre, B., Torbey, S., Herrmann, K. M., Huang, L., Schnitzer, T. J., ... & Apkarian, A. V. (2012). “Corticostriatal functional connectivity predicts transition to chronic back pain”, *Nature neuroscience*, 15(8), 1117-1119.

49 人為什麼愛看八卦新聞？

◎謝承志

究竟為什麼，我們會這麼八卦？倫敦大學學院的神經科學家 John Hardy 認為，八卦其實自古就有！古時候在小村莊聚落的社會，彼此之間都很熟識，而能成功領導人與人之間的複雜政治的人，就會有比較好的優勢有「繁衍機會」，也就是大家的八卦對象。而現在的地球村，這樣的訊息需求來源就是八卦媒體。

我們對於名人和政客的錯誤行為之所以特別感興趣，是因為那個彼此都熟識的古社會進化迄今的殘留物，而我們的大腦也設計來吸收這些八卦，以滿足「最原始的發展需求」，像是「誰跟誰上床了」之類的事情。

澳洲女性雜誌《新點子》的主編 Kim Wilson 同意 John Hardy 的看法，認為我們愛看八卦雜誌是為了知道誰有影響力，因為我們天生就對這類「新鮮事」感到好奇。她認為：「現在你到世界各國旅遊，不是聊天氣，就是聊名人，你可以和別人討論妮可基嫚、布蘭妮，或安潔莉娜裘莉的八卦，這實在很不可思議！這已經變成了社交話題。」而根據他們的銷售歷史，當八卦主題是名人的愛情、婚姻與他們產子的消息時，雜誌都會特別熱賣。

雪梨大學性別文化研究所副教授 Catherine Driscoll 認為，八卦雜誌中的名人愛情、婚姻

與產子的主題，被當作了我們認為別人都是怎麼生活的範例，「即便我們選擇不生育，或依舊單身，但這些關聯著我們該如何做選擇。這些彷彿是認知什麼是合乎道德的圭臬，與我們面對社交所該做的選擇，所以我們閱讀這些報導，然後知道社會價值觀期許我們怎麼做。這全都是為了學習，學習該如何在這個世界生存。」

不過，對於「八卦」這整件事來說，媒體時常在報導時連帶傷害了一些人，因為他們可能與事件相關，但卻並非肇事者，不過因為八卦媒體的報導與民眾的二手傳播，因而將事件以訛傳訛。

美國東北大學的研究者 Lisa Feldman Barrett 發表在二〇一一年《科學》期刊的研究顯示，聽到八卦言論，會改變你對八卦對象的觀感，甚至改變你怎麼「看」這個人。

Barrett的實驗是先讓受試者看幾張臉，每張臉都與不同的八卦言論配對，有的是正面的八卦，像是「幫助老太太提雜貨」，有的則是負面的八卦，像是「把椅子扔向同學」。接著，他們讓受試者的左右眼呈現不同的畫面，其中一眼看到的是剛剛被八卦的人的面孔，另外一眼看到的則是一棟房子。

像這樣雙眼看到不同畫面的實驗稱為「雙眼競爭實驗」（binocular rivalry paradigm），因為我們的大腦在同一個時間裡只能處理一個畫面，所以他會無意識地傾向選擇注意較重要的那個畫面。受試者在雙眼競爭實驗時，需要做按鍵反應，當他有意識地看到「臉孔」就按一個鍵，有意識地看到「房子」就按另一個鍵。研究結果發現，當受試者有意識地接收到負面八卦的臉孔時，受試者會盯著看的時間比較長。

Barrett認為：「八卦不僅影響我們對人的言論，還影響了我們怎麼『看』他。」

也許八卦媒體的初衷是好的，或者我們能期許八卦回到單純「揪出是誰不公不義或違背社會善良風氣」的初衷，而不是掀別人的底，那麼屆時八卦就會是社會正向的力量之一。

根據UC Berkeley二〇一二年五月發表在《*Journal of Personality and Social Psychology*》的研究顯示，八卦別人的錯誤行為就是所謂的「利社會八卦」（prosocial gossip），可以使自己的壓力減緩。他們的實驗是量測受試者的心跳，結果發現當受試者看著別人玩遊戲作弊時，心跳會變得劇烈，如果此時有個機會可以草草地寫下他們作弊的事實，便能減緩緊張的壓力。

參考文獻：

● John Hardy, "Read all about it: Why we have an appetite for gossip", *New Scientist*, 21 July, 2011.
● Stephanie Gardiner, "The science of gossip: why do we?", *The Sydney Morning Herald*, 3 Aug, 2011.
● Anderson, et al., "The Visual Impact of Gossip", *Science*, 17 June, 2011.
● Jon Hamilton, "Psst! The Human Brain Is Wired For Gossip", *NPR*, 3 Aug, 2011.
● Valerie Ross, "Go Ahead and Gossip—Science Says It's the Right Thing to Do", *Discover Magazine Blog*, 18 Jan 2012.
● Matthew, et al., "The virtues of gossip: Reputational information sharing as prosocial behavior", *Journal of Personality and Social Psychology*, 18 Jan, 2012.

50 經常運動會讓你反應變快？

◎謝承志

在許多球類運動中，假動作或是花式的手部擺動是很重要的技巧，不外乎就是為了讓對手無法預測球打過來的時間與方位。不過，對手當然也不會是省油的燈，為了不被假動作騙往錯誤的方向，或是做出不對的時間預期，所以必須快速地因應千變萬化的球。

陽明大學神經科學研究所博士候選人王駿濠，與他的指導老師中央大學認知所阮啟弘教授，兩人為了了解運動訓練的刺激是否會促使運動員有較佳的準備歷程，便與中央大學體育室合作，招募了不同運動類型的運動選手，包括網球與游泳校隊的學生，以及自評不運動的大學生作為控制組，比較不同運動經驗背景的大學生在準備歷程中的表現。結果實驗發現，在沒有準備的情況下，網球運動員比起不運動的學生，更能快速地執行動作反應。

這個實驗找來了四十二位大學生，其中有網球校隊、游泳校隊以及無運動習慣的大學生各十四人。受試者須先回答近一週的運動習慣，接著再做有氧適能評估，來確定其運動習慣的分組為何。

確認組別後，才到實驗室進行變化性時距作業（variable foreperiod paradigm），以測試他們準備歷程的表現。根據之前的研究，變化性時距作業是藉著改變準備訊號到反應訊號之間所發生的時間長短，以操弄時間向度訊息的不確定性；也就是有時準備時間長，有時準備時間短。因為作業必定在一段時間長度內發生，所以準備訊號到反應訊號之間的時距越短，時間向度的不確定性會越高，相對來說會較來不及做好準備，反之則不確定性越低。

實驗結果發現，當在不確定性低（準備時間充足）的情境下，各組受試者並沒有差異。然而，當在不確定性高的情境下，網球運動員的反應時間很明顯地快於非運動員。此結果顯示，在沒有充足的準備狀態下，網球運動員仍然可以快速執行動作反應，並且似乎較不受到準備時間不確定性的影響，依然能有比較好的表現或較有效率的準備能力。

除此之外，這個系列的研究還有另一個

有趣的發現：研究者也加入了反應抑制的操弄（response inhibition），結果顯示能隨時做好準備的人，也能較快地進行反應抑制的決策。

王駿濠認為：「準備能力越好的人，相對來說在反應抑制決策的表現上也越好，顯示當有較佳的準備能力時，會伴隨著較好的認知表現。不過，未來研究仍需努力建立這兩者之間的因果關係。」

研究者們也期盼這系列的研究能運用在運動選拔或是建立競技運動的認知訓練上，藉以提升運動員的成就表現。甚至，如果能反向地發展出有效的運動處方，更可以幫助或改善有認知能力困難的族群，將運動參與發揮到最大效益。

參考文獻：

● Chun-Hao Wang, Che-Chien Chang, Yen-Ming Liang, Chun-Ming Shih, Neil G. Muggleton, Chi-Hung Juan, " Temporal Preparation in Athletes: A Comparison of Tennis Players and Swimmers With Sedentary Controls", *Journal of Motor Behavior* (2013), DOI:10.1080/00222895.2012.740522.

酒喝太多，都是杯子的錯？
——新奇篇

51 用曾雅妮的球桿，你也能成為運動高手？

◎陸子鈞

要怎麼幫助選手在運動中表現得更好？告訴他們手上的球具是高手用過的吧！一項新的研究發現，當選手相信他們正使用職業球員的二手球具的話，會顯著增進他們的運動表現。

這個點子，是科學家從一九五三年的《箭術與禪心》（*Zen in the Art of Archery*）中得到的靈感。該書作者奧根・海瑞格（Eugen Herrigel）在書中談到，當他射箭表現得不好時，會把弓給老師射幾箭，再拿回來射，表現便會有進步：「弓似乎變得不一樣，變得更好拉、更順遂。」維吉尼亞大學（University of Virginia in Charlottesville）的大學生查理斯・李（Charles Lee）認為，這似乎是個有趣的心理學現象，於是他滿懷好奇心地去找博士生莎莉（Sally Linkenauger）討論之後，他們兩位決定用高爾夫球的推球來研究這個現象。

李和莎莉找來四十一位熱中於高爾夫球的大學生在草坪上推球，一半的受測者被告知他們使用的是高級推桿；另一半則被告知使用的是高爾夫公開賽冠軍班・寇蒂斯的推桿。這些熱中高爾夫球的學生，當然都聽過寇蒂斯這號人物，為了讓實驗更煞有其事，莎莉和李還真的買了跟寇蒂斯用的同一款超貴推桿。

在十次推球中，使用「名人用過」的推桿的學生，平均較另一組學生多進了一點五球。

如果你告訴高爾夫球選手說，能讓他的能力由十推桿增加一點五個推桿的話，很多選手會欣喜若狂！不過，研究並未指出為什麼會讓受測者大幅進步，很可能是安慰的效果，也或者高爾夫球選手因為想到寇蒂斯和他精湛的球技，所以能表現良好。

自信可能是關鍵，尤其是在運動上的表現。一般來說，如果一個人認為這支推桿能讓他有較好的表現，或許能增加信心，也當然就會有較佳的表現。

如果你也想成為一流的高爾夫球選手，那麼曾雅妮的二手球桿或許可以助你一臂之力！

參考文獻：

● Lee C, Linkenauger SA, Bakdash JZ, Joy-Gaba JA, Profitt DR (2011), "Putting Like a Pro: The Role of Positive Contagion in Golf Performance and Perception", *PLoS ONE* 6(10): e26016.

52 靈異照片中的臉是真的嗎？

◎陸子鈞

二〇〇一年的九一一事件中，被攻擊之後起火的紐約雙子星大樓冒出濃濃黑煙，豈料黑煙中居然露出一張惡魔的臉，引起了網友的揣測。

世界各地三不五時就會有「浮現一張臉」的神蹟奇聞出現，譬如壁癌紋路近似名畫〈創世紀〉，或者雲中浮現媽祖、觀世音的輪廓，翻字典的時候發現一張囧臉，水星地表的米老鼠，火星的猿面山，範馬勇次郎的後背肌肉……等類似的事件不勝枚舉。但這不表示靈界有多麼想「見見世面」，其實全然是人類的「幻想性視錯覺」在作祟。

「幻想性視錯覺」（Pareidolia）廣義來說就是人類能從環境中隨機的影像或者聲音裡找出「有意義」的樣式，因此這些有臉的「靈異照片」當然就是「視錯覺」。

生物學家赫胥黎（Julian Huxley）在一九五二年提出「幻想性視錯覺源自於演化的過程」，人類衍生出與生俱來對「臉孔」的辨識能力，所以能很快地辨識敵我，或者在曠野中尋找同伴。在電影《天外奇蹟》中的一段劇情就是很好的例子，有一老一少兩人在雲霧籠罩的高原上行走，以為前方有人影，結果靠近一看才發現，原來只是一堆堆疊的石頭。看來，人類的祖先大概也遭遇過不少類似失望或者驚恐的情境。

但是，赫胥黎提出的這個假說卻一直到了二〇〇九年才有堅實的科學證據支持。哈佛醫學院的生物影像學家哈蒂（Nouchine Hadjikhani），從功能性磁振造影的研究中發現，當受測者看到「近似」人臉的圖樣時，會在短短一百六十五毫秒內活化腦中辨識臉孔的區域——梭狀臉區（fusiform face area, FFA）的神經元，接近看到臉孔時的腦部反應；但是看到一般的物體時，梭狀臉區的神經則不會動作。

人腦勝過電腦的其中一項能力就是「辨識」，因此我們在瀏覽網頁時，常常會遇到要你輸入圖中文字，或者判斷圖片中物體為何的「防止機器人」機制。但現在是人類教會電腦如何「看人臉色」，Facebook 相簿的臉孔辨識就是一個例子。臉部辨識除了應用到社群網路、保全之外，現在設計師 Neil Usher 也製作了一款看雲的機器人 Nimbus MkIII，能自動記錄看起來像臉孔的雲。但是看雲的美好時光還是自己享受吧！誰會想讓機器人「代勞」呢？

無論那朵看起來像達爾文的雲是大師顯靈或者我們的錯覺，蹺班喝咖啡的時候，拿鐵上的拉花像指導教授或老闆的臉是不是出自於心虛，也許「幻想性視錯覺」多少反映出人類渴望遇到同類的本性和孤獨吧？

參考文獻：

● "Early (N170) activation of face-specific cortex by face-like objects", *Neuroreport*.
● "Pareidolic robot looks for faces in clouds", WIRED.UK (14 October 12).

53「愛愛」可以舒緩頭痛？

◎陸子鈞

如果你經常有頭痛問題，而且試過喝咖啡、吃巧克力、針灸……或者其他「療法」都沒效，又怕吃止痛藥會有副作用的話，或許可以試試看天然不傷身的方法——做愛。

一則發表在《頭痛》（*Cephalalgia*）期刊的研究報告指出，性行為能舒緩偏頭痛（migraines）、叢集性頭痛（cluster headache），或者其他復發性的頭痛症狀，部分的患者甚至就將性行為視作一種療法。主持這項研究的德國明斯特大學（University of Münster）的神經學家艾佛斯（Stefan Evers）說：「大約三分之一的偏頭痛患者，會藉由性行為來舒緩偏頭痛的症狀。」

科學家不確定為什麼做愛可以舒緩頭痛，推測可能跟做愛期間腦中會大量釋出天然的止痛劑腦內啡（endorphins）有關。艾佛斯是研究頭痛的專家，他認為許多刺激會引發頭痛，從陽光到閃電都有可能，也有大約1%的人在做愛時會頭痛。

過去就有相關的報告指出做愛能舒緩偏頭痛，但是研究範圍較小。因此艾佛斯和研究團隊寄發問卷給八百位偏頭痛患者和兩百位叢集性頭痛患者，調查他們在頭痛發作時的性行為，以及性行為如何影響疼痛的程度。研究團隊收到四成的患者回覆，大約有三分之一的患者在頭痛時做愛，其中偏頭痛患者六成能夠由做愛得到舒緩，不過也有三分之一的問卷結果則是做愛反而使頭痛更嚴重。叢集性頭痛患者也有約三分之一在做愛後頭痛減緩，但是有五成的患者反而頭更痛了。

艾佛斯推測：「如同一些在激烈運動時大腦會釋放腦內啡的人一樣，像是鐵人三項或馬拉松選手，這些（頭痛獲得舒緩的）患者在做愛過程中也釋放了腦內啡。」

然而，紐約頭痛中心（New York Headache Center）的神經學家莫斯科普（Alexander Mauskop）則認為，親熱或許能感到和伴侶非常貼近，但是未必能舒緩頭痛；事實上，許多偏頭痛患者在發病時不喜歡碰觸，因為頭痛讓他們對光、噪音還有其他感官非常敏感。莫斯科普也補充說，高潮帶來的腦內啡流竄可能抑制了偏頭痛，所以對那些做愛能舒緩頭痛的患者來說，或許手淫也有一樣的效果。

反正做愛不含阿斯匹靈，不傷胃。下次頭痛的時候試試吧！

參考文獻：

● Anke Hambach, Stefan Evers, Oliver Summ, Ingo W Husstedt, Achim Frese, “The impact of sexual activity on idiopathic headaches: An observational study”, *Cephalalgia*, April 2013, 33: 384-389.

54 酒喝太多，都是杯子的錯？

◎謝承志

有人喜歡以酒精飲料舒緩壓力，或是三五好友相聚讓大夥兒更High，但隨著壓力消除、氣氛高漲，你總是黃湯一杯接著一杯下肚，後來才拍著鼓脹的肚皮，後悔自己喝太多嗎？許多研究便著眼於飲酒克制策略，其中之一的手段便是「控制自己的喝酒速度」，慢慢地喝，進而少喝，也讓喝醉後肇事的機率變小。

英國布里斯托爾大學實驗心理學院 Angela Attwood 博士的研究團隊，便尋找到可能影響喝酒速度的變因，發現我們飲酒的速度可能會受飲酒的杯子所影響！

這個實驗找了一百六十位年紀介於十八到四十歲、沒有酗酒紀錄的受試者參與。實驗分成兩個階段，第一個階段記錄受試者用沒有弧度的玻璃杯，或是有弧度的啤酒杯喝一杯淡啤酒或是汽水的時間。結果，受試者用啤酒杯喝淡啤酒的速度幾乎是用玻璃杯的兩倍，但在喝汽水時，使用兩種杯裝的喝汽水速率則近乎相同。

研究者認為，有這樣的結果是因為用有弧度的啤酒杯喝啤酒，比較無法估計「喝一半」的位置，所以比較難知道自己喝了多少。

為了要驗證這個想法，受試者參加了實驗的第二階段，這個階段是以電腦作業，分別呈現兩種杯子的圖片，杯內的液體容量都接近一半，而受試者必須回答圖片中杯子盛裝的液體是多於或少於一半。結果顯示，有弧度的杯子確實比較難以估計。

最重要的是，受試者第二階段的估計錯誤的程度，似乎與第一階段的飲用速率有關，也就是估計杯子一半量的錯誤率越高者，喝酒的速度越快。

喝醉酒造成個人或社會的傷害有諸多關聯，酒精對人類決策與行為控制亦有許多負面影響，更增添了許多風險。看來，透過這個研究不難讓人直接聯想，想要有效地控制速度，也許可以先挑個對的杯子！

下次去熱炒店喝酒，當店家端出弧形的彎曲杯時，請他們換上直筒杯，慢慢地喝吧，這樣可以讓你喝得微醺又開心，絕不會爛醉！

參考文獻：

● "Glass Shape Influences Consumption Rate for Alcoholic Beverages", *PLoS ONE*.

55 什麼樣的台詞令人印象深刻？

◎謝承志

為什麼有些廣告口號、電影台詞或政治人物用語，特別讓你印象深刻？康乃爾大學資訊工程的研究團隊，用電腦分析電影劇本資料庫，研究是什麼原因讓一些台詞特別讓人印象深刻。

這個研究顯示，那些特別容易被記得的台詞，總是用令人熟悉的句法，但混合很有特色的字或詞，且可以套用在一般大眾的生活中，例如周星馳的經典電影台詞「以你的智商，很難跟你解釋。」或是「全部都是幻覺！嚇不倒我的！」幾乎變成了人人能懂的笑話，可以套用在適合自己的情況中。

研究人員表示，雖然這個分析是根據電影台詞而來，不過其結果應該可以應用在市場行銷、政治人物口號，以及社交傳媒與娛樂活動等等。

「用電影劇本分析，可以讓我們專注於『語言的語法』本身，較不受其他變相干擾。」參與這個研究的 Cristian Danescu-Niculescu-Mizil 這麼說。

他們分析了上千部電影，將近兩千兩百組台詞，用電影網路資料庫（Internet Movie Database, IMDb）裡被記錄在經典名句的台詞，與電影中同一個演員在同一個情境下說出長度相同的話做比較。

研究者找了一群還沒看過這部電影的人，選出讓他印象深刻的句子，最後歸納出兩大讓人記憶深刻的模式：獨特性與普遍性。

他們寫出了一個軟體，用這兩個模式的語言規則，來判別句子是否能讓人印象深刻。如果一個句子包含第三人稱代名詞與定冠詞（就是有提到人、物或一個場景事件），或是使用過去式（通常提及電影裡發生過的片段），就會失去普遍性；而具有獨特性的語言，可以與同樣的台詞在新的情節中比較後定義。這個軟體平均可以正確地判別出六成四以上的經典名句。

另外，他們也發現在聲音與用字上的不同——讓人難忘的台詞，通常用前半部的嘴巴發聲，且用的字有較多音節，並少用對等連接詞。而研究者也發現，同樣的規則亦可以套用在廣告口號上。

雖然把電腦教會寫出經典名句的能力還有一段很長的路要走，但這個研究結果可以應用在發展偵測人類的文案，以及評估文案的發展上。

參考文獻：

● "You Had Me at Hello: How Phrasing Affects Memorability", Proceedings of the 50th Annual Meeting of the Association for Computational Linguistics, 8-14 July 2012.

56 付出時間，給你更多時間？

◎謝承志

你常常覺得時間不夠用嗎？那就花些時間幫助別人吧！

在一篇賓州大學、耶魯大學與哈佛大學的合作研究中指出，雖然我們的時間一天只有二十四小時，並不會增加，但把寶貴的時間奉獻出去，會增加主觀的時間充裕感。

研究者針對不同情況做了四個實驗：比較浪費時間、把時間花在自己身上、意外地多了一段悠閒時光、把時間花在他人身上的人，發現我們主觀的時間充裕感會在「把時間花在他人身上」時增加。

例如其中一項實驗，受試者被隨機分到付出時間組與浪費時間組，前者被要求寫一段鼓舞人心的文字給患重病的孩子看，後者被要求在一段拉丁文中數裡面有幾個「e」，而在進行五分鐘的作業後，受試者要回答「未來時間觀感評分」（註）。結果顯示，付出時間組的評分顯著地比起浪費時間組還高！雖然不管付出時間或浪費時間，都意味著原本的前提是擁有充足的時間，但只有付出時間才會讓受試者有更充足的時間感。

本實驗的領導人，賓州大學的心理學家 Cassie Mogilner 認為，這樣的結果是因為把時間付諸在他人身上，提升了一個人的自我能力與效率的感受，因此在心中把時間感延伸了。

這個實驗結果顯示，我們怎麼花時間，影響著我們對時間的感受，而最好減少時間壓力的辦法是：花時間幫助別人！當你感覺忙碌，心情煩躁地窩在沙發裡，想藉看電視以舒緩時間壓力時，不如到海邊當淨灘志工，或者到醫院幫忙推輪椅，或是在泛科學網站上翻譯一篇科普新知與眾人分享，無以名狀的成就感才能讓你真正地解除壓力啊！

參考文獻：

● "Giving Time Gives You Time", *Psychological Science*.

（註）Future Time Perspective scale, Lang &Carstensen於二〇〇二年提出，例如評分：「我的未來無可限量；1分＝完全不符合，7分＝完全符合。」

57 水鑽不是鑽石也不是水晶？

◎dr. i

前陣子中國大陸廣州市工商局要求國際知名珠寶品牌施華洛世奇（Swarovski）下架，因為業者在當地聲稱他們的產品是天然水晶，結果卻被人檢驗出是人造水晶。

台灣媒體一聽到這個消息後，也馬上去訪問台灣的業者，報導的標題更是下得非常引人矚目，像是「施華洛世奇水晶是『人造的』」和「『人造的』施華洛世奇水晶遭到下架」。看了這些報導，除了知道施華洛世奇並非天然水晶之外，很多消費者還是不知道天然水晶和人造水晶的差別在哪裡，還有市面上常見的「水鑽」和「水晶玻璃」到底又是什麼。

水鑽＝水晶玻璃＝人造水晶

「水晶（Crystal）」這個名詞其實原本是指天然的結晶石（如石英），它的結構可以是有規則的排列（稱作「單晶」），或是排列雖然規則，但是有許多不同的介面（稱作「多晶」）。

但是，「水鑽」和「水晶玻璃」（Crystal Glass）的結構和玻璃一樣沒有固定的規則性，因此要說它們是玻璃的一種也是可以的，所以理所當然，它們也都是人造的。此外，水晶玻

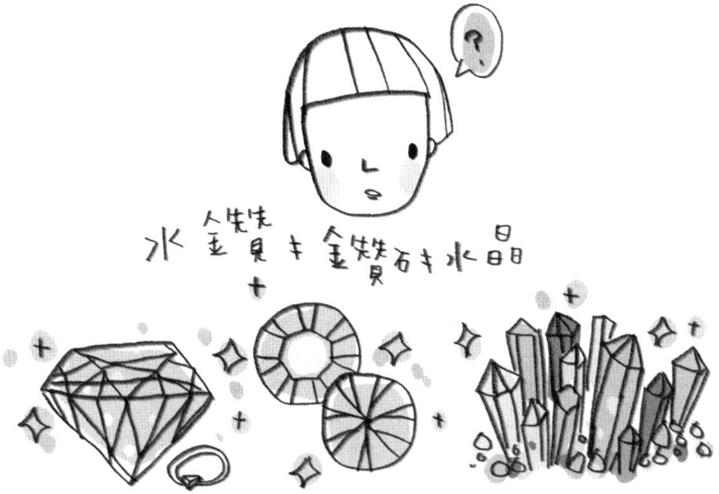

璃可以用在製作器皿，尤其它可以做得比一般玻璃還要薄，聲音也清脆，所以受大眾喜愛，箇中原因是因為材料內含有其他礦物質和石英在內。

報導中的廠商品牌其實是從一個奧地利玻璃工廠起家，所以他們引以為傲的核心技術在於用特殊的成分比例來製造玻璃，自然也不用去藉由混淆消費者的認知來賺錢，而是在美感上創造價值。不過，現在普遍把「水晶玻璃」稱作「水晶」，的確是令人容易混淆的，因此身為消費者的我們要知道，「水鑽」和「水晶玻璃」都是人造的，而且比起鑽石或天然水晶，它們更像是玻璃！

58 二十秒看出對方有沒有好人基因？

◎蔡宇哲、劉怡青

父母親總是擔心孩子會遇到壞人，因此從小教導我們不可以隨便相信陌生人的話。當然我們無法一眼就知道對方是什麼樣的人，但判斷他是不是個友善的人，可能並沒有那麼困難。加州柏克萊大學的一項研究發現：人們可以只花約二十秒的時間，就可以判斷出一個陌生人是否有可靠、親切、具有同情心的基因傾向。

平常生活中看見陌生人時，人們會很快地形成第一印象來判斷這個人是否對自己友善，這是社會化所必須習得的經驗。這個研究不同的地方是以基因形態為主，想了解人們在艱難的情境下，是否能識別出哪些陌生人會幫助自己，並且去檢驗那些被選擇的人，看看他們是否擁有友善的基因形態。

而什麼是友善的基因形態呢？這是奠基於先前關於催產素（oxytocin）的相關研究結果。催產素是與社交性、同理心、友善……等社會性行為相關的荷爾蒙，其接受器基因型組合可分為AA、AG及GG三種。有研究發現，較友善、有同理心、能正確理解他人情緒的人多為GG型，而AA及AG型則相對較不能同理別人。

研究者找了二十三位已確認基因形態的參與者：GG型，五男五女；GA型，五男五女；AA型，兩男一女。每位都坐在椅子上，聆聽他的伴侶談論不愉快、感到痛苦的往事。實驗者用攝影機將他們交談時的影像記錄下來，剪成二十秒的影片後，再找另外一百一十六位大學生來觀看，而這些觀看者並不認識影片中的人，當然也不會知道他們的基因形態。接著，請這些大學生根據影片中的面部表情與肢體語言，進而評估聆聽者的可靠、友善、同情心的程度有多高。

結果發現，那十位GG型的參與者所獲得的友善、同理心評價明顯較高，其他兩型的人就明顯較低。這個結果很有意思，因為人們是看不到基因形態的，所以一定有某些行為或表情訊息不自覺地展現出來，讓陌生人得以判別。可能是那些GG型的人在傾聽時會有較多的點頭、眼神接觸、笑容及開放的身體姿勢，而這些行為多半會被認為是個和善的人。

但假如你不是擁有GG基因型的人也無需擔心，這並不代表你就是個絕情的人，因為人的行為舉止除了基因的影響外，還有心理、教育、社會互動……等許多因素，最終才造就成我們是否和善、好相處的個性。沒有任何一個基因是可以完全決定人的行為的，那只是把你拉往任何一個方向的因素之一而已。

參考文獻：

● Kogan A, Saslow LR, Impett EA, Oveis C, Keltner D, Rodrigues Saturn S., “Thin-slicing study of the oxytocin receptor (OXTR) gene and the evaluation and expression of the prosocial disposition”, *Proc Natl Acad Sci U S A*, 2011 Nov 29;108(48):19189-92. doi: 10.1073/pnas.1112658108.

59 如何看出魔術師的破綻？

◎蔡宇哲、莊文倩

一名魔術師的左手上拿著一枚硬幣，右手伸過去拿取硬幣後再收回來，接著右手攤開——嘿！沒有硬幣！其實硬幣從頭到尾都在左手中，只是魔術師流暢的動作會讓人認為右手取走硬幣罷了。

明明觀眾的眼睛很仔細地盯著魔術師看，但為何這些手法總是可以一再騙過觀眾而達到魔術般的神奇效果呢？這其實是需要用一點技巧的，而且這技巧跟人的注意力有關，關鍵就在於改變手的移動方式來影響觀眾的注意力。如果手部動作像平常一樣是以直線方式移動，觀眾的視線就會停留在起始手上，接著就跳到終點手而忽略了移動過程；相反地，如果動作是以曲線方式移動的話，觀眾的視線就會跟隨著動作，並一直停留在移動的那隻手上，此時起始手的動作就比較不會被注意到。

為了了解魔術手法對人們知覺的影響，美國巴羅神經學研究所（Barrow Neurological Institute）的康帝．馬丁尼茲（Susana Martinez-Conde）博士與一位知名魔術師合作，請他表演「法蘭西式藏幣法」（French Drop），並將之拍成影片，然後找來七名參與者觀看表演。前兩次會在魔術師打開手掌前就結束，並詢問參與者認為硬幣在哪一手中；而後兩次則會讓整個魔術完成，再詢問參與者認為魔術師是如何做到的。影片中，魔術師的手部動作會分別以直線或曲線方式來進行，同時參與者會配戴眼球運動追蹤器，以記錄他們視線移動的情形。

實驗結果顯示，曲線移動的確會誘使參與者的視線持續追蹤著動作，而忽略了起始的那隻手，因此魔術師得以趁機將硬幣藏得更好；但直線移動的話，視線觀眾會以跳視（Saccadic）的方式，從起始手跳到動作結束的另一隻手，魔術師若要在起始手藏硬幣的話，就不容易騙過觀眾了。

透過魔術表演可以了解人類知覺的很多特性，因此若從這個角度看來，魔術師其實也可以算是實踐派的心理學家呢！

參考文獻：

● Otero-Millan J, Macknik SL, Robbins A, McCamy M, Martinez-Conde S, "Stronger misdirection in curved than in straight motion", *Front. Hum. Neurosci* (2011), 5:133. doi: 10.3389/fnhum.2011.00133.

60 人們習於「以毛取貓」？

◎蔡宇哲、黃韋蓁

你曾經有過深夜走在漆黑無人的路上，卻被樹叢中突然跳出的黑貓嚇了一跳的經驗嗎？黑貓全身烏黑得像幽靈般的毛色，尤其是那雙發出綠光的眼睛，往往令人不禁聯想到邪靈、巫術或厄運。古今中外，不管是媒體還是民間傳說都延續著這些看法，人們對於黑貓的偏見始終存在著，因此黑貓被領養的比例一直都很低。

養貓的人通常都聲稱之所以會領養這隻貓，主要是因為喜愛牠的個性，然而，貓的個性是可以在短時間內就被察覺出來的嗎？還是因為喜愛貓咪的外形呢？美國加州柏克萊大學的研究者想了解貓的毛色是否會影響被收養的意願，因此他們調查了一百八十九位養貓的人，針對五種不同毛色的貓咪，以一到七分去評判這隻貓是否具有某種性格，例如：友善、主動、害羞、不聽話……等十種特質。

雖然大部分領養貓的人都聲稱，貓咪的個性才是他們選擇愛貓的原因，但從研究結果中發現，貓咪所配對的個性其實主要歸因於牠的毛色，例如橘色貓通常被認為是友善的、白色貓比較慵懶易受驚嚇等，而黑貓則沒有很特殊的性格認定，這或許就是傳說的神秘感所造成的。因此，愛貓者以為他們是感受到了貓的個性才做出選擇，殊不知他們所認為的個性其實是來自於對某種毛色的看法。所以，毛色才是影響主人選擇愛貓的關鍵，而非個性。

目前並沒有足夠證據證實不同毛色的貓會有個性上的差異，因此人們傾向以毛色來評斷一隻貓的個性，但這種偏見就如同以貌取人一樣荒謬。在收容所裡，黑貓認養率總是比其他貓咪還低，使得牠著實變成了孤獨的象徵，然而這卻是人類偏見所造成的，而不是黑貓天生就孤獨。

你想養隻貓咪嗎？那就好好花點時間了解牠們吧！別再被毛色迷思和偏見遮蔽了雙眼。畢竟不管黑貓、白貓，只要能陪伴你的就是好貓，不是嗎？

參考文獻：

● Delgado, M. M., Munera, J. D., Reevy, G. M., “Human perceptions of coat color as an indicator of domestic cat personality”, *Anthrozoos*, 2012, 25, 4. pg: 427-440 10.2752/175303712X13479798785779.

61 為什麼人有兩個鼻孔？

◎陸子鈞

看看鏡子中的你，有兩邊耳朵，可以分辨聲音的來源；有一雙眼睛，可以產生立體視覺。那麼，為什麼人有兩個鼻孔？科學家陸續發現，即使鼻孔相距不遠，兩邊看起來也沒有差異，但對嗅覺來說卻非常重要。

過去的研究指出，人類左右的鼻孔呼吸氣流速度並不一致，而且每隔幾小時就會交換一次。史丹佛大學的神經生理學家 Noam Sobel 和其他研究人員，想知道這樣的交換是否有助於嗅覺更靈敏，而進一步做了研究。當化學分子被嗅神經感覺到之前，必須通過鼻腔的黏膜，而不同的化學分子被黏膜吸收的效率不同，因此研究團隊利用不同比例的香芹酮（carvone）和辛烷（octane）混合物，讓不同氣流速度的鼻孔嗅聞。

結果發現，呼吸氣流較快的鼻孔，對於像香芹酮這類較快被黏膜吸收的化學物質，較為靈敏，卻也較無法感覺到像辛烷這類較慢被黏膜吸收的化學物質。反之，鼻孔的呼吸氣流較慢，則結果相反。這也就是說，兩邊鼻孔能使我們同時聞到更多的嗅覺分子。

幾年之後，印度的研究團隊藉由老鼠，發現兩邊鼻孔和兩邊耳朵、兩隻眼睛一樣，能辨識訊號（味道）的來源。受過訓練後的老鼠，在岔道上能於五十毫秒內就選擇出氣味來自左邊或右邊，不管這氣味是香蕉、桉樹或是玫瑰，都有80％的正確率。不過，研究人員塞住老鼠的一邊鼻孔後，牠們似乎就沒辦法辨識氣味的方向了，顯然兩邊鼻孔會傳送不同的嗅覺訊號到腦部，即使兩邊鼻孔差距不到三公釐遠！

主持這項研究的 Upinder Bhalla 認為，兩邊鼻孔辨識氣味來源的重要性，應該普遍存在於不同的動物身上，而他的推測後來也在鯊魚及信鴿身上被證實。不過和其他動物相比，人類對嗅覺的依賴很小，所以很難證實是否人類也能依賴兩邊鼻孔來認出氣味的來源。

參考文獻：

- Noam Sobel, Rehan M. Khan, Amnon Saltman, Edith V. Sullivan, John D. E. Gabrieli, "The world smells different to each nostril", *Nature* 1999, 402.
- "Rats show off 'stereo smell' ", *Nature News*, 2 February 2006.

62 動物懂得欣賞音樂嗎？

◎陸子鈞

你喜歡古典樂，那麼你的狗也喜歡古典樂嗎？我們通常會假設寵物也喜歡我們自己偏愛的音樂，譬如喜歡莫札特的狗主人，就會假設狗兒也喜歡莫札特；愛搖滾樂的狗主人，就假設狗兒也愛搖滾樂。

過去科學家認為音樂是人類所獨有的現象，不過近來越來越多研究發現，其實動物也有聆聽音樂的能力。威斯康辛大學麥迪遜校區（University of Wisconsin, Madison）的動物心理學家雪頓發現，動物的心跳會和不同的鼓聲同步。

音樂都和音階有關，人類偏好的音樂皆由人類發聲及聽力範圍內的聲音、能理解的音調所組成，節奏也和我們的心跳頻率接近。假如音調超過我們的理解範圍，就會顯得刺耳；節奏太快或太慢，就會不容易辨識。不同種類的動物有牠們熟悉的音調、音色和節奏，因此牠們享受「為自己量身打造的音樂」。

動物的音域還有心跳頻率和人類大不同，人類的音樂對牠們而言太過刺耳又難以理解，在我們的耳裡像是美聲，但牠們並不喜歡。於是，雪頓和作曲家，同時也是大提琴演奏家的泰伊（David Teie）合作，試圖打造動物專屬的音樂。

二〇〇九年，研究人員做了一首獻給狨猴（tamarins）的曲子。這首曲子在我們聽來非常刺耳，因為它比人類的音域高了三個八度音，而且節奏是人類心跳速度的兩倍快。但對狨猴來說，這才是音樂！牠們聽了之後，看起來表現激動，但若播放速度較慢的「狨猴民謠」，牠們則表現得很冷靜。

現在，雪頓和泰伊要打進貓兒的音樂市場，還成立公司「Music for Cats」，在線上發售這些貓兒音樂，一首為一點九九美元。此外，雪頓的科學團隊有些正在進行中的研究，比如將音頻調整到貓的音域範圍，並以牠們休息時的心跳速度作為節奏。初步的測試顯示，比起人類的音樂，貓咪較愛那些頻率和牠們相近的曲子。

不過，創作狗兒音樂則比較麻煩，因為不同品種的狗，牠們的體型、音域和心跳頻率差異很大，但大型犬像是拉布拉多或獒犬，由於

牠們的音域和男性成人相近，所以科學團隊預期，和吉娃娃之類的小型犬相比，大型犬對人類的音樂會較有反應。

事實上，一些狗的確對人類音樂有情緒反應。皇后大學（Queen's University）的心理學家威爾斯（Deborah Wells）所主持的研究，就發現當狗兒聽到不同風格的音樂時，會有不同的行為反應。舉例來說，古典樂讓牠們表現放鬆，重金屬搖滾則讓牠們躁動。

考慮到能取悅家中的大王（寵物），已經有許多科學家投入動物音樂研究領域。不過就算有再多專為貓、狗、猴子創作的音樂，牠們也不會像人類一樣這麼享受音樂，因為雪頓的研究還發現，動物缺少一項人類擁有的重要音樂能力——相對音感（relative pitch）。動物有極佳的絕對音感，但牠們缺少相對音感，因此牠們能藉由學習，認出同一音調下的連續音符，不過如果升降調，動物就一點也認不得了。由此可知，人類以別於動物的方式在理解音樂。

63 看重播節目可以幫助恢復精力？

◎蔡宇哲

人除了體力有限外，精力同樣也是有限的，每完成一件工作都會耗損掉一些，而工作越複雜，所耗掉的資源就會越多，之後意志力與自我控制的能力都會下降。就像電玩中的角色只要放個大絕招，就會消耗掉 MP/mana 一樣，但除了隨著時間會漸漸恢復外，電玩角色還可以透過喝藥水或吃仙豆來快速恢復精力。雖然真實世界中並沒有藥水這種玩意兒，但還是有方法可以加快恢復體力與精力的速率，其中有一種很簡單並且大家也常做的事，那就是觀看喜愛的節目重播。

紐約州立水牛城大學德瑞克（Jaye Derrick）博士的研究發現：觀看喜愛的電視節目重播可加快精力的恢復速度，這不但簡單，而且也是你我常做的事。他進行了兩個實驗來支持他的論點，在第一個實驗中，一半的實驗參與者需要專注地完成一個花腦力的作業，另一半則是進行較容易且不太花腦力的作業。完成後請各組一半的人自由描寫他們最喜歡的電視節目內容，另一半的人則是列出他們自己房間的物品清單，一段時間內寫完後，再進行另一項極花腦力的作業來了解精力是否有恢復。

實驗結果發現，那些描寫喜愛電視節目內容者，若是之前做花腦力作業的人就會寫得比較多，做不花腦力作業的人就會寫得比較少，這表示當他們耗費心力完成一件工作時，會傾

向花比較多時間去回想節目內容。而休息過後的作業中，花腦力作業組在描寫喜愛電視內容後，表現會明顯較好，負向情緒也會比較低，這意味著剛才回想喜愛的電視節目內容，讓他們的精力與情緒回復較多。

第二個實驗則請參與者記錄每天的生活情形，主要記錄工作難易度與觀看電視、電影與閱讀的情形。結果發現：若白天有進行較耗費心神的工作時，就會花比較多時間去看重播的電視、電影或是閱讀已看過的書，而此舉也能幫助他們隔天的負向情緒較低。

兩個實驗結果都支持人們在耗費精力後會花較多時間去觀看重播的節目，且觀看後無論在經歷或情緒上也都會恢復得較好。但有趣的是，若是看喜愛的節目但卻是新單元而非重播時，就沒有這種效果。這可能是因為看重播節目時，由於已經知道劇情會如何進展，因此並不需要耗費資源去思索與關注，可以盡情地投入劇中角色的情境與互動，這麼做可能就有助於恢復精力。但這並不代表你癱在電視前看一整晚節目就會有好處，因為多數人看有線電視時都是拿著遙控器在「電視衝浪」，那樣可是不行的。

老是抱怨有線電視台一再重播周星馳的電影嗎？換個角度想：或許這是業者的用心良苦也說不定，或許他們想要幫助觀眾們盡快恢復精力啊！

參考文獻：

●"Energized by Television: Familiar Fictional Worlds Restore Self-Control", *Social Psychological and Personality Science*, 2013;4(3):299-307.

64 小狗會受到主人打哈欠傳染？

◎蔡宇哲、柯喬文

在人群中若有人打起哈欠，其他人看到後也會很容易受到傳染也頻頻打哈欠。而有養小狗的人們可能也會發現，當你感到疲倦而打哈欠時，狗兒也會開始面露疲態，跟著打起哈欠來了。究竟狗兒們是因為感受到你的哈欠，還是剛好疲累要釋放壓力而打哈欠呢？

日本東京大學的研究者找了二十五隻不同品種、平均年齡為五點九歲的狗，幫牠們配戴心跳紀錄器後，讓每隻狗都有機會分別與主人或陌生人相處一段時間。相處的人可能會打哈欠或是故意做張嘴的動作來模仿哈欠，並且將過程錄影下來之後再透過影片觀察分析，看狗兒們是否會受傳染或受騙而打哈欠。

結果發現，狗確實會受到人們打哈欠的傳染，而且特別容易受到主人的影響，但陌生人的哈欠影響力則並不大；同時牠們也是很聰明的，並不會被假哈欠所騙倒。而到底牠們是被傳染還是剛好疲累並且釋放壓力而打哈欠的呢？如果是因壓力所引起的話，那麼應該會在自主神經活動上有所變化才對。這項研究透過心跳變異率分析來獲得自主神經活動的指標，發現不管在哪種狀況下打哈欠，狗兒們的心跳與自主神經活動指標都沒有改變，這表示牠們打哈欠應該與壓力無關，而是被人們影響的可能性較高。

不過狗兒雖然會受人們打哈欠的傳染，卻僅限成年的狗，年輕的狗兒對打哈欠傳染是免疫的。那麼，要多年輕？又是什麼原因使得牠們免疫於這種傳染行為呢？

瑞典隆德大學（Lund University）佩爾松（Tomas Persson）和馬德森博士（ElainieAlenkær Madsen）為此做了一項研究。他們讓來自丹麥，年齡介於四到十四個月年齡的三十五隻狗狗，分別與主人或陌生人玩耍一陣子後，觀察當人們重複地打哈欠時，小狗們的反應為何。結果發現，只要是小於七個月的幼犬就不會受到人們打哈欠的影響。

人類、成年黑猩猩、狒狒及狗皆有傳染性打哈欠的行為，有些學者認為這種現象可用來衡量移情反應（同理心的一種），是因為看到別人打哈欠，對他的疲倦感同身受，因此自己也會打起哈欠來。同理心與辨識他人情緒這種較高層次的認知能力，在人類身上會隨著年齡增長而逐漸發展出來，同樣的，此種能力在狗兒出生後的一年內也會緩慢發展，因此小於七個月大的幼犬之所以能不被傳染打哈欠，可能是由於「同理他人情緒」這類較高層次的認知

能力尚未發展完成。

常言道：「狗兒是人類最好的朋友。」各位愛狗人士不妨觀察一下自家的寶貝，在工作繁忙或課業忙碌回到家後，當你哈欠連連時，牠們是否也會可愛地張嘴打起哈欠來？如果有的話，這可能是牠們懂得主人心，在同理你的疲憊喔！

參考文獻：

● Madsen EA, Persson T., “Contagious yawning in domestic dog puppies (Canis lupus familiaris): the effect of ontogeny and emotional closeness on low-level imitation in dogs”, *Animal Cognition*; DOI 10.1007/s10071-012-0568-9.

● Teresa Romero, Akitsugu Konno, Toshikazu Hasegawa, “Familiarity Bias and Physiological Responses in Contagious Yawning by Dogs Support Link to Empathy”, *PLoS ONE*, 2013; 8 (8): e71365 DOI: 10.1371/journal.pone.0071365.

為什麼
我們排斥和陌生人同坐？
——心理篇

65 表情可以判讀一個人的內心狀態嗎？

◎陸子鈞

微笑和皺眉是人類共通的語言嗎？自達爾文之後一百多年來，許多人類學家及演化心理學家這麼認為。不過，一則最近的研究藉由電腦模擬人類表情的測試發現，表情代表的意思並非放諸四海皆準，而且文化更深刻地影響我們解讀與表達情緒的方式。

達爾文（Charles Darwin）在一八七二年的《人與動物的情感表達》（*The Expression of the Emotions in Man and Animals*）中，提到六種基本情緒：快樂、驚訝、恐懼、厭惡、憤怒和悲傷。達爾文認為，如果表情語言只是文化的特徵，透過模仿而代代相傳，那麼現今表情表達的意思會和原先分歧；一則微笑可能對部分人們來說表示開心，對另一群人則可能表示厭惡。然而，他帶著不同表情的照片走遍全世界，對不同族群測試後卻沒有發現對表情解讀的差異，因此他認為全人類的共同祖先使用同一套表情語言，就像遺傳的一部分。這也就是說，微笑和皺眉表達的意義源自生物性，而非文化。

英國格拉斯哥大學（University of Glasgow）的心理學家瑞秋．傑克（Rachael Jack）猜想，會不會從一八七二年之後，科學家都錯了？

自達爾文以降，這類的表情研究有基本上的缺失——科學家延續採用達爾文訂出的六種基本情緒，不過這是西歐的科學家針對西歐人六種情緒表現的表情歸納而出的，至於非西方的受測者，能藉由照片的表情推測出情緒，便使得達爾文的普遍性假設成立。但要是非西方文明在各種表情之下有其他基本情緒呢？也許他們的表達和西方人類似，只有些難以察覺的差異存在，不過因為當時並沒有人看過。

為了要測試達爾文提的六種基本情緒的普遍性，傑克和研究團隊利用電腦軟體，模擬臉部肌肉的變化，像是拉動嘴角或者眨眼，產生四千八百張臉孔。其中一半為西方人的臉孔，另一半則為東方人的臉孔。

接著，研究團隊找來了十五名剛從東亞移民到英國不久，而且與西方人相處時間極短的受測者，讓受測者判斷這些表情是否代表任何情緒。另外也找來十五名西方白人測試，作為對照組。受測者須從達爾文的六種基本情緒中選出一個答案，並評等他所認為該臉孔表達情緒的強度等級（分為五等），但若受測者認為無法精確判斷這臉孔所表達的情緒，可以回答「不知道」。如果達爾文所提的基本情緒確實存在，那麼，所有受測的人將能把同樣的表情對應到同樣的情緒中。

結果並非如此。從西方白人受測者的作答資料中，不管是類別還是強度完全可以對應達爾文的六種基本情緒，然而東方人看臉孔卻有另一套見解。對每一個受測者來說，微笑這個類別答案都一致，但東亞受測者的答案在驚訝、恐懼、厭惡及憤怒的表情上，卻沒有清楚的分類。

因此研究團隊認為，西方人用一組特殊的臉部肌肉以表達情緒。每一個文明可能都擁有基本表情，但不必然與其他文明一樣。對東亞人來說，臉部表情來自其他組基本情緒，像是恥辱、榮譽、罪惡感等等。

這項研究結果衝擊了一百多年來被廣泛接受的假設。如果這假設是錯的，這些來自於不同文明的臉孔，他們的情緒跟意圖都可能無法被判讀，比方用表情來判斷精神疾病就會誤判，還有昂貴的監視保全設備也無法從表情中讀出不法分子的意圖。

參考文獻：

● Jack, R. E., Garrod, O. G., Yu, H., Caldara, R., & Schyns, P. G. (2012). “Facial expressions of emotion are not culturally universal”, *Proceedings of the National Academy of Sciences*, 109(19), 7241-7244.

66 恍神之後會有好點子？

◎陸子鈞

你總在沖澡、蹲馬桶、洗碗、騎車的時候想到好點子嗎？

歷史上不乏靈光乍現的例子，從阿基米德、牛頓到愛因斯坦，都曾在思考別的事情時，想到另一個好點子。不過，單單只是休息並不會帶來靈感，靈感反倒會出現在當我們從事能夠容許恍神的活動時。

加州大學聖塔芭芭拉分校（University of California, Santa Barbara）的心理學家班傑明·貝爾德（Benjamin Baird）和強納森·修勒（Jonathan Schooler）所主持的研究團隊，找來一百四十五位大學生作為受測者，要在兩分鐘內完成兩個「不尋常用途任務」，例如列出生活周遭常見的物品，像是牙籤、衣架、磚塊……等的不尋常使用方式，越多越好。結束後，接下來的十二分鐘內，受測者被分成四組，第一組休息，第二組必須進行耗費腦力的活動，第三組則是從事較不費心力，可以恍神的活動，最後一組則沒有休息。所有的受測者接著繼續列出生活用品的不尋常用途，這次則要完成四個任務，但其中兩個跟先前重複。在第二次的測驗中，那些曾從事能恍神的活動的受測者，在先前已經進行過的兩個任務上，平均比第一次嘗試時進步了41%，也就是多回答了41%的不尋常用途；相反地，另外三組的受測者在第二次測驗中則沒有進步。

不過，從事能恍神活動的受測者，在第二次測驗時遇到的另外兩個新任務的表現，並沒有比其他受測者更好。這意味著「恍神」只有當問題已經被心智咀嚼過後才有幫助，並不能普遍性地增加解決創意解題能力。

除了證實單單只有「休息」並不能幫助創意思考外，這項研究結果或許也能解釋「為什麼我們會恍神？」。從演化的角度來看，恍神會降低人的生理表現，減少注意力，可能會使你深陷危險。然而，這項研究也發現，當你恍神時，有助於解決複雜的問題，或許恍神曾經幫助人類用創意解決攸關生存的重大問題也說不定。

參考文獻：

● Baird, B., Smallwood, J., Mrazek, M. D., Kam, J. W., Franklin, M. S., & Schooler, J. W. (2012), "Inspired by Distraction Mind Wandering Facilitates Creative Incubation", *Psychological science*, 23(10), 1117-1122.

67 冥想有助於工作？

◎陸子鈞

華盛頓大學（University of Washiingiton）資訊學院的大衛．李維（David Levy）和賈庫柏．沃伯羅克（Jacob Wobbrock）發現，冥想訓練有助於從事資訊處理的人們較不受干擾，能較長時間專注在工作上，且能增進記憶力，減少壓力。

電腦科學家李維和人機互動研究專家沃伯羅克的研究團隊，找來人力資源經理作為測試對象，將他們分為三組，每組各由十二到十五位組成。在連續八週中，第一組受測者接受冥想訓練，另一組接受紓壓訓練，第三組則作為對照組，沒有任何訓練。八週後，三組受測者都接受同第一組的冥想訓練。

八週訓練的前後，受測者皆被測試執行多工任務的能力，例如利用電子郵件、行事曆、即時通、行動電話、文書工具處理平常的公務。研究人員計算受測者工作的速度、正確度和切換工作的程度；壓力程度和記憶力則由受測者自己評量。

結果有明顯差異：接受冥想訓練的那組，比另外兩組感到的壓力低，專注於一份工作上的時間也較長，即使切換工作的頻率較低，但也沒有花上比其他兩組更長的時間來完成工作。此外，冥想和紓壓皆能增強記憶力。

當對照組也接受冥想訓練後，也有同樣的效果：感到的壓力降低、增加專注時間、增強記憶力、減少切換工作的頻率，亦沒有增加所需工時。

「許多科學家致力於人因科技，希望藉由科技開拓人類能力的極限」，沃伯羅克提到，「但冥想增加工作能力的結果卻相反。冥想不是藉由科技，相反地，是使我們得以應付加在我們身上的科技。」

李維補充道：「這項研究成果對我們來說是一大鼓舞，讓我們得以有更多的科學證據確定，冥想能增加專注、減少壓力。」

參考文獻：

● David M. Levy, Jacob O. Wobbrock, Alfred W. Kaszniak, “Marilyn Ostergren. The Effects of Mindfulness Meditation Training on Multitasking in a High-Stress Information Environment”, *Proceedings of Graphics Interface*, May, 2012.

68 網路上的話不可信？

◎劉育志、白映俞

我們似乎無法阻止別人說謊，那麼，能不能學會不要上當呢？很不幸的，數十年來的研究發現，人類很難察覺對方是否正在對自己說謊，猜對的機會大概只有54％，幾乎跟丟銅板得到的結果一樣。

市面上多數教人如何體察對方是否說謊的書籍和文章，會提出許多非語言的肢體動作判讀，像是想要察覺對方是否說謊要「看著對方的雙眼」，但研究證實，沒有任何肢體語言線索，能告訴我們對方有沒有說謊。甚至，直覺還比所有辯證詳盡的知識還要準確。

隨著時代演進，今日大眾的溝通方式，因為MSN、Facebook、e-mail等通訊面出現而大大改變。我們與這個世界的連結越緊密，卻連要看著對方雙眼，打量到他的內心的機會也失去了。

網路世界謠言滿天飛

無遠弗屆的網路，是否也改變了人類說謊的方式呢？

先想想看，你是否也撒過下面幾個謊？

- 我已閱讀並同意以上服務條款。
- 確定，我已滿十八歲。
- 狀態：離線。

看到這裡，我們大概都必須承認，在網路世界裡，謊言絕對是鋪天蓋地的。根據康乃爾大學認知科學副教授傑夫．漢考克（Jeff Hancock）的論述，他將新時代的網路謊言分成三類：管家式謊言、手偶式謊言及千萬鄉民式謊言。

第一類的「管家式謊言」，講述的是在通訊如此發達的時代，無論身處何方，隨時都會被找到，但我們卻也不想二十四小時都可能被打擾。因此，我們自己負起了過去「管家」的任務，禮貌性地回絕某些邀請，說出像是：「我快到了！」「抱歉，電池快要沒電了。」「這裡收訊不好。」「抱歉，我得去工作／上課了。」這樣的話。

這些訊息傳達的是，「嗯，我現在不能跟你說話。」（或是不想跟你說話。）不過呢，我看重我們的關係，我也關心著我們彼此，所以我只好說出些無關緊要的推託之詞。這些話，創造了模糊的空間，讓自己得以喘口氣。

第二類的「手偶式謊言」，大家就更好猜想了，指的是網路上用假名發表言論的虛擬身分。請出另一個身分為自己發聲，我們只要躲在後頭當藏鏡人，在虛擬世界裡假裝「我不是我」地生活著。

網路世界的匿名化，讓許多人的遐想漫無邊際地飛行。許多的「手偶式謊言」集合之後，就會變成第三類的「千萬鄉民式謊言」。用更大的族群力量讓這個發言立論成為輿論重心，正如現在新聞裡常出現「網友們認為……」，不用任何一個人挺身而出，即可對於某人某事立判生死。

漢考克好奇的是，姑且不論網路詐騙或是網路美女約會，也不論匿名的手偶及鄉民的力量時，若我們用網路與同學、朋友、同事及任何親近的人溝通時，會比較容易說謊，或是比較容易誠實？

不匿名的可信度比較高

漢考克及同事做了些實驗，將每個人每天的通訊（及謊言）收集起來，總共收集七天，結果發現，每個人最誠實的時候，是寫 E-mail 的內容；相對的，電話傳送出最多的謊言。另外，他們還發現 Facebook 裡呈現的個人風格，在親密好友及陌生人的眼裡似乎挺一致的。因此，漢考克認為，「不匿名的人們在網路上的表現，會比在與他人實際接觸時還要誠實。」

這個結論或許出乎意料，不過我們也可以從下面幾個解釋看到端倪：

語言，存在人類史大概五萬到十萬年；文字，存在人類史大概五千年；造紙術的時間更短，約莫兩千年，一直到了十八世紀末，人類才發明機器造紙。

所以，過去的人講過的話就算了，極少記錄下來。說謊與否，似乎比較無所謂。但現在隨著網路和智慧型手機的普及，已經進入到每個人每天都會記錄下一些事情的時代，說過的話再也不能不算話。甚至除了文字，我們還有音頻、視頻等媒介，而這些東西，就是清楚的證據，記錄著我們的一言一行。

或許因為如此，讓人們在說謊前都會不自覺地稍微想想，是否要讓這件事或這段話變成自己的紀錄。但是，這個讓人們變得「較誠實」的前提是在「不匿名」的狀態下，才可能存在。面對網路上諸多「小甜心」、「大帥哥」這類的化名，大家可還是要謹慎小心喔！

參考文獻：

● Hartwig M, Bond CF., “Why do lie-catchers fail? A lens model meta-analysis of human lie judgments”, *Psychol Bull*, 2011 Jul;137(4):643-59.

● Jeff Hancock, “The future of lying”, *TED*.

69 面試前，先想好擺什麼POSE？

◎劉育志、白映俞

外科醫師算是願意接受挑戰，抗壓力也極高的一群人，但在外科專科醫師的口試會場，多數人選擇低著頭看手機、看筆記，有的人雙手抱胸、閉目調息，生怕會應付不了豺狼虎豹般的外科大教授們。

當我們面臨挑戰時，常常會不由自主地將自己渺小化。我們的心智改變了身體語言，看看那些至少受訓滿四年的外科醫師低頭抱胸的動作，透露出他們正處於擔心、不知所措的氛圍。

身體語言改變你的心理狀態

身體語言除了會透露自己心裡的緊張外，還有些人是刻意地將自己變得渺小。我們相信用這樣的身體語言會影響別人怎麼判斷自己，因此在這樣一個面試的場合，我們保守地選擇不出錯的做法，希望讓自己的外表看起來不是個浮誇的年輕人。

因此，當我們想到身體語言的溝通，我們會想到怎麼靠對方的身體語言判斷他人，進行良好的溝通，也會想著別人怎麼判斷我們。但是，我們很少會想到，身體語言其實也會改變我們的想法。

來自哈佛商學院的艾美．柯蒂（Amy Cuddy）與來自哥倫比亞大學的戴娜．卡尼（Dana Carney）做了個實驗，他們找來四十二位受試者，並把他們分成兩組，一組人被要求做出具有掌控權的動作，像是把手臂大大地張開、把下巴抬高，或是雙手扠腰，任選兩個姿勢各做一分鐘，也就是總共兩分鐘的意思；另一組人被要求做出兩種低姿態的動作各一分鐘，可能是摸摸自己的脖子、低頭駝背、身體蜷曲著、讓自己看來小小的，亦是共兩分鐘時間。

為了不讓受試者受到暗示，所以研究員幫受試者貼上心電圖的電極片，然後跟受試者說：「為了準確測量心臟的生理反應，所以需要保持某個特定的姿勢。」如此一來就不會讓受試者察覺到該姿勢的意涵。這樣就更能確認是「由姿勢影響荷爾蒙的變化」。

在做完姿態實驗之後，隨即會進行賭博測試。研究員給每一位受試者兩塊錢美金，受試者可以選擇保留兩塊錢美金，或者參與賭博以贏得四塊錢美金，亦即用「願不願意接受賭博」來衡量風險承擔能力。

實驗過程都有錄影證實研究對象有照指示做動作。在這兩分鐘的之前與之後，研究者會收集受試者的口水，而且趕快拿去冰凍起來，以研究其中睪固酮荷爾蒙（testosterone）及腎上腺皮質醇荷爾蒙（cortisol）的濃度變化。

荷爾蒙影響你的外在表現

我們需要先解釋一下，為什麼是這兩種荷爾蒙？在人類及其他動物裡，睪固酮的濃度可以反映及強化主宰權力，增加支配的行為，而且這些行為還會繼續進一步地讓睪固酮濃度繼續增加。例如當我們想要進行一場對決，或是已經對決成功後，體內睪固酮的濃度會上升；相反的，假如我們輸掉這場比賽的話，體內睪固酮濃度就會下降。

而我們體內除了睪固酮荷爾蒙會影響力量的展現之外，還有另一個壓力荷爾蒙——腎上腺皮質醇，也值得一提。

握有權力的人常常會有較低的「基礎腎上腺皮質醇」。雖然有時在醫學上，我們會抽血檢測病人是否有「急性」或「短期」的腎上腺皮質醇升高，來看看他們是否能有適應或應付突然間病痛的能力；然而，若是「慢性」或「長期」的腎上腺皮質醇升高，則會發生在一些權力較低的人身上，和部分免疫功能失調、高血壓及記憶喪失有關。有些學者認為低權力位階的族群容易有與壓力相關的疾病，部分原因就起因在長期升高的腎上腺皮質醇濃度，讓他們對壓力的反應太大。

靈長類裡的強勢男性有大量的睪固酮和低量的腎上腺皮質醇，高效能的領袖人物也有大量睪固酮與低量的腎上腺皮質醇，這代表著強勢領袖有著高睪固酮強化支配統治、肯定果斷，也充滿力量，另外還配上了低腎上腺皮質素讓他不要對壓力反應過度，能輕鬆面對各種情境。於是這個研究為了探討個人會不會因為姿勢改變造成身體也產生「強勢」的力量，就選了這兩種荷爾蒙作為探討。

結果他們發現，在擺出有掌控權姿勢兩分鐘這組人的血液裡，「代表力量」的睪固酮濃度中增加了20%，而「反應壓力過大」的腎上腺皮質醇濃度則減少了25%。相對來說，擺出低姿態兩分鐘的這組人的睪固酮下降了10%，但腎上腺皮質素則增加了15%。

而在賭博測試中，有86%擺出有掌控權姿勢的人會選擇賭博，但只有60%擺出低權勢姿態的人會賭。研究人員由此推論，擺出掌控權姿勢的族群對風險的容忍度也提高了。

姿勢決定你的氣勢

這份刊載於二〇一〇年《心理科學》（*Psychological Science*）期刊上的論文指出，只是具體做出兩分鐘身體姿勢的差異，已經足以讓一個人由外而內地改變，讓心智系統及生理系統都更能應付複雜及有壓力的環境，還可能會促進建立信心及增強表現。我們可以先假裝，假裝自己很有力量，而隨著時間過去，這些小小姿勢上的變化可能會繼續強化我們的生理及心理健康。

作者建議，「用身體改變生理及心理」這一招可以用在工作面試、對大眾演講、向老闆提出異議，或是承擔盈利頗豐的風險等時機。只要在自己的房間、電梯甚至廁所裡認真地擺出「充滿能量的姿勢」，心理和生理都會因此而獲得力量，對於頹喪、充滿無力感的人們應該會大有幫助。

所以，不要等到當上經理人才開始翹腳，應該要藉著自己的身體擴張領土，讓心智上也有力量躍升。

不過應該有人還是會搖搖頭說：「這樣聽起來也太假了吧？我明明弱到不行，難道還要假裝自己是個A咖嗎？假久了，難道真的會是我的？」

哈佛研究者艾美．柯蒂深知，有些人並不想要聽起來這麼假，就算達成目的也懷疑自己像個騙子，是個假貨，因此她在TED論壇上分享了自己曾經「不配成功」的故事。

艾美．柯蒂說，她在十九歲時發生過嚴重車禍，導致腦部重傷，智商大降，讓她比同儕多花了四年才完成大學學業。她接著掙扎地進入普林斯頓大學，就在第一年研究生演講前夕，她嚇壞了！她怕被大家看穿自己就是個智商不足、不配進入普林斯頓做研究的學生，因此打電話給老師說她準備要落跑了。

她的恩師告訴她沒有這回事，要艾美．柯蒂假裝自己是個正牌合格的學生，即使腿也癱了、內心也怕死了，還是要繼續講，直到這件事情內化成為她的一部分為止。靠著這些叮嚀，艾美．柯蒂熬過去了，甚至還成為哈佛商學院的助理教授。

之後，有個女學生垂頭喪氣地來辦公室找艾美．柯蒂，說自己「不配待在這裡」。在那時刻，艾美．柯蒂突然發現兩件事，一是自己再也沒有這種「不配待在這裡」的挫折感；另一是她要幫助這個同學假裝，然後成功。

艾美．柯蒂對這位女同學說了恩師曾說過的話，要女同學假裝自己充滿力量，幾個月後，這名女同學真的脫胎換骨了。

因此，艾美．柯蒂強烈建議大家，不要等到成功才要展現力量，在成功之前都表現出畏首畏尾或緊張兮兮的模樣。而是要先假裝自己很有力量，不管在電梯、在洗手間、在自己的桌子前，都可以靠著改變身體姿勢成有力量的動作兩分鐘，這樣持續內化的功課能讓自己得以表達最棒的那一面，之後就會讓自己真的變成一個有力量的成功者。

這部影片從二〇一二年十月上線之後，馬上躍升為最多人觀賞ＴＥＤ影片的前三十名！當然，如果我們這輩子就只做這麼兩分鐘的有權勢姿勢，應該是不會因此而影響人生的。這個過程更重要的該是持續累積與正面回饋，要像燕麥片廣告詞所說的「天天吃、不間斷」，才能不斷發揮更正面的力量。

參考文獻：

● Carney DR, Cuddy AJ, Yap AJ, "Power posing: brief nonverbal displays affect neuroendocrine levels and risk tolerance", *Psychol Sci*, 2010 Oct;21(10):1363-8.

70 握手可以增加信任感？

◎蔡宇哲、陳昱伶

在正式社交場合中，我們對初次見面的人總是會以握手來開始雙方的交流，但為何這個舉動能夠讓互不相識的兩人能快速拉近距離呢？根據一則發表在《認知神經科學期刊》(*Journal of Cognitive Neuroscience*)的研究顯示，握手確實具有正面的神奇力量，它能增加陌生人的第一印象，而這也反映在大腦活動上。

一般人都認為握手可以提升正面的社會印象，在許多重大場合進行社交互動時，握手的確具有提升雙方信任感的作用。然而，科學家對情感性肢體動作與其所引發之大腦活動關係卻所知甚少，因此腦神經科學家杜克斯（Florin Dolcos）和研究團隊，利用功能性磁振造影來記錄當人們看到不同社交互動形式時，大腦會有何種反應。

他們邀請了十八位年齡介於十八歲到三十四歲之間的參與者，請他們觀看人們互動的影片，同時記錄在觀看時的大腦活動變化。影片長度為十秒鐘，內容為一般商務拜訪，單純只有肢體動作來表現互動狀況而無口語，而影片中的兩人互動親近程度共有親近互動、迴避互動與無互動三種，每種都有握手與沒握手的情況。親密互動的內容是主人會主動先握手／無握手後微笑交談，甚至與來訪者有拍肩親密動作；迴避互動內容前面同樣是主人主動握手與否，之後雙手抱胸交談甚至會坐下。參與者需針對影片中主人的能力、信賴及對這筆交易的興趣這三者進行零到五分的程度評量，分數越高表示該項特質越好。

實驗結果發現，參與者對表現出親近互動的評價會高於迴避互動，而無論是親近或是迴避，有握手的評價皆會比沒握手要來得高，顯示握手這個行為確實能提高社會評價。而大腦在觀看互動影片時，顳上溝（superior temporal sulcus）、杏仁核（amygdala）與阿肯伯氏核（nucleus accumbens）……等腦區的反應會表現得較活躍。其中，顳上溝主要負責生物性動作知覺，在他人表情傳達情緒或意圖時會較活躍；杏仁核負責的則是情緒調節，提升對環境的敏感度以幫助人們因應變化；而阿肯伯氏核則是大腦酬賞途徑之一，在喜愛的刺激出現時會活化。這三個腦區在觀看親近互動組時會有較大的活化，而在有握手的親近互動上也有同樣發現。當看到握手動作時，大腦顳上溝就會先變得活躍，而杏仁核則是在親近互動與握手

時都有顯著的活躍反應。

由這些參與者的主觀評分以及其腦造影結果可知，握手在親近互動情境中對社會評價有增益作用，在迴避互動中則有降低負面強度的效果，換句話說就是能讓討厭你的人變得不那麼討厭。由握手開始的社會互動使人感到開放、安全，同時也活化相關腦區，讓大腦準備好處理接下來的資訊。因此，與他人互動時不妨從握手開始，除了先建立彼此的信任，亦可使大腦準備好與人正向互動。

參考文獻：

- SandaDolcos, Keen Sung, Jennifer J. Argo, Sophie Flor-Henry, Florin Dolcos, “The Power of a Handshake: Neural Correlates of Evaluative Judgments in Observed Social Interactions”, *Journal of Cognitive Neuroscience*, 2012 : 1 DOI: 10.1162/jocn_a_00295.

71 皮質醇能阻斷恐懼？

◎陸子鈞

有懼高症的人可能會為了避免坐飛機，而選擇長途巴士，或為了避免駕駛經過很高的橋，花費好幾個小時繞路。這些行為看起來很誇張，但有懼高症的人可是真的很害怕，不過或許人類的皮質醇（cortisol）能幫助他們克服這些恐懼。

目前克服懼高症的其中一種方式，是讓求診者待在安全環境中，藉由視覺虛擬實境模擬站在高處向下看的樣子。療程中當然沒有悲劇發生，求診者就會漸漸以安全的印象，取代先前對高度的恐懼。然而，這樣的療程需要重複許多次，而且過程中可能會感到不舒服，所以有些求診者會中途放棄。一些科學家已經開始尋找藥物輔助，希望能加速標準的行為療程，像是一種能幫助新記憶生成的化合物環絲胺酸（D-cycloserine），還有壓力荷爾蒙，除了能加速產生「安全印象」，也可以抑制害怕的記憶。

瑞典的神經生物學家奎爾萬（Dominique de Quervain）領導的研究團隊，在四十名有懼高症的受測者接受療程前，給予皮質醇藥丸或安慰劑。療程中，受測者會在虛擬實境中，「搭乘」很高的電梯，或者面臨其他讓他害怕的情境。

療程前及開始一個月後，受測者都必須填寫一份問卷，這份問卷將恐懼程度分為一百二十個等級。結果有服用皮質醇的受測者，害怕等級從五十八降到二十四；而服用安慰劑的對照組，則平均只從五十九降到三十五。除了問卷，若療程一個月後，讓受測者再進入虛擬實境，並記錄其生理反應，和對照組相比，只有五分之一的受測者會有激動的反應。

de Quervain 認為，理論上這項技術也能應用在其他恐懼症上，像是社交恐懼症、強迫症或者創傷症候群。但因為專一的恐懼症（對高度、蜘蛛……等感到恐懼）較容易建立療程，未來對於其他恐懼症的治療，仍需要更多的研究。

參考文獻：

● Dominique, J. F., Bentz, D., Michael, T., Bolt, O. C., Wiederhold, B. K., Margraf, J., & Wilhelm, F. H. (2011), "Glucocorticoids enhance extinction-based psychotherapy", *Proceedings of the National Academy of Sciences*, 108(16), 6621-6625.

72 經濟蕭條時，存得多還是花得多？

◎謝承志

新聞報導經濟不景氣，許多人生活只求溫飽，也有人在此時逆勢成長，不管是打對了行銷牌，或正中時代群眾的胃口，逆勢成長的閃耀星總有著獨到的使用策略。面對不同的環境與情況使用不同的策略，就像是生物學家用「生活史」來解釋生物為何有不同的繁衍策略：使用快速繁衍策略的生物，包含在較年輕時就有許多後代，牠們主要投資後代的「身體上的發育」，例如一些昆蟲和幼小的哺乳類動物，牠們有大量的後代，但沒有花太多心力撫養牠們成長。當明天的生存是個未定數時，這是種很好的策略。

另一種策略，如我們人類或是大象、鯨魚，在性成熟之前花了許多精神在「成長」，也花了較多心力撫育後代的成長，但只有能夠有機會安全存活、長壽的動物，才可以負擔得起這種緩慢的繁衍策略。

藉由生物對於生育上的不同策略的「生活史理論」，Vlad Griskevicius 發表在《*Psychological Science*》上的研究，進而探究童年環境對成年決策的影響。他在研究中發現了在嚴峻、不確定的環境（例如：貧窮、戰亂）長大的小孩，比起在安逸環境之下長大的小孩，通常較快適應生活策略，而且長大後比較衝動，願意承受較高的健康風險；此外，他們也較早有性經驗，因此較快有小孩。

涉及人的「生活史」研究的一個關鍵發現是，這些策略上的不同，通常（或總是）發生在當人遭受威脅的情況，例如當人們失業、沒有收入時，不同生活史的人會做出不同的反應。

而在 Griskevicius 的這篇研究中，當受試者被引發（或讓他回想起）陷入經濟窘境的情況時，那些在童年時經濟環境比較貧困的人，所做的決定比較衝動，也比較敢做有風險的選擇，而在安逸環境長大的人則相反。

不過，生活史研究較常被批評的是，在經濟較貧困的環境成長，並不代表童年生活的環境令他感到不安，很多在貧困環境中長大的人有個快樂童年，甚至有一些人根本不覺得有貧困感。

所以，他們的研究用了生物方法——氧化應激（oxidative stress）來判定童年的安逸程度。童年的壓力與壓力促成釋放的荷爾蒙，即使到了成年，其影響仍然是清晰可見的，只要靠簡單的尿液樣本分析即可得知。而尿液樣本的結果，也與問卷結果一致：童年壓力較大者，遇到經濟困境時花得較多、存得較少。

參考文獻：

● “When the Economy Falters, Do People Spend or Save? Responses to Resource Scarcity Depend on Childhood Environments”, *Psychological Science*.

73 「可愛」帶給你專心的力量？

◎謝承志

可愛的小貓、小狗，牠們的圖片讓人難以抗拒，這是因為「可愛」讓你我產生正向的情緒。日本廣島大學發表在《*PLoS ONE*》的研究指出，「可愛」不只讓我們內心感到溫暖，甚至讓我們更專心。

研究者比較小狗與小貓、成年的貓狗、食物，以及中性圖片，對於受試者在專注作業下的正確率與執行時間的影響。

第一個實驗中，受試者被隨機分派到兩組情境，一組是看小狗和小貓的圖片，另一組是看成年的貓與狗的圖片。各組圖片已在實驗前評定其可愛／幼稚／愉悅／興奮等變相的分數，同時讓每位受試者看完圖片後，再進行一次評分。看圖片的前後各執行一次需要專注與移動的作業——從洞口中取出物件，並且手不能觸及洞口。結果顯示，在看完可愛的小狗和小貓之後，作業的正確率提升，但看成年的貓狗則沒有影響。

第二種實驗則是觀察令人愉悅的美食是否也有一樣的效果。看圖片的前後，各執行視覺搜尋的專注作業——在限制時間內，於一群數字中找到指定數字的數量，結果也是只有在看完可愛的小狗和小貓之後，作業的正確率提升，並且搜尋時間較短，成年貓狗與美食的照片都沒有影響。

研究者認為，這個結果表示受試者在看完可愛的圖片之後，提升了專注作業的表現，所以可愛的物件可以當作是一種在特定情境下，使得行為更加專注的情緒激發，也許可以應用在特定情境，諸如駕駛或是辦公室作業上。

筆者一年前在騎單車環島時，騎經花蓮路段，曾因路上的交通警察人形立牌嚇了一跳！原來是花蓮縣警察局在交通事故較多的路段警示民眾用的，也許可以建議有關當局，與其用警察叔叔的立牌，不妨試試可愛的動物照片，相信更能讓駕駛們專心地開車吧！

參考文獻：

● "The Power of Kawaii: Viewing Cute Images Promotes a Careful Behavior and Narrows Attentional Focus", *PLoS ONE*.

74 未來很近，過去很遠？

◎謝承志

我們常說快樂的時光總是過得特別快，痛苦的時光則格外漫長，其實時間感與我們的感受經驗有關。芝加哥大學的研究者 Eugene Caruso 的研究發現，甚至是我們在空間中的移動，也影響到對時間的感受。

在過去空間感知的實驗中，我們已經知道對於移往自己方向的物件，比起移開自己方向的物件感覺比較近，即使兩物件的起始距離相對於我們是等長的也不例外。而這樣「空間感知」的效果也會發生在「時間感知」上，稱之為「時間感的都卜勒效應（註）」。

這個實驗，首先到了波士頓火車站對大學生與通勤者做調查，請受試者回憶過去（或未來）一個月（或一年）的那一天，在心中的距離感，結果未來時間的距離比起過去來得近。

接著，他們用線上問卷問受試者類似的問題，一組人在情人節八天前做問卷（未來），一組人在情人節七天後做問卷（過去）。從三百多人的問卷結果中得到了同樣的結果，未來時間比起過去時間的心理感受近，因此這兩個問卷調查暗示著在空間移動與時間感知之間的關係。不過，為了要真正找出兩者間的關聯，他們用虛擬實境來進行實驗。

受試者戴著頭戴式的顯示裝置，視線被顯示螢幕包裹，看到的畫面是雙線道，道路兩旁有樹、路燈、建築物，有些受試者看到的畫面是正走向道路的終點——噴水池，有些則是看到一步步地遠離噴水池，接著讓受試者回答三週前或三週後的那一天，用一到九來回答對他們而言距離有多遠。

結果發現，只有看到走往噴水池的受試者，感覺未來比過去近；而空間感覺與時間方向不一致時（例如看到向後移動的畫面，但被問到三週後未來那一天的時間距離感），則沒有時間感的都卜勒效應。這個結果驗證「我們感覺未來比較近」，這正是因為我們感覺正跨步邁向未來。Caruso 的研究團隊主張，我們往未來前行不僅只是一個感知上的藉口，他們更相信這扮演著重要角色。

不管是電影《回到未來》或是哆啦A夢的時光機，我們總幻想著時空旅行，希望改變過去的錯誤，像《蝴蝶效應》般地影響未來；然而在幻想實現以前，「時間感的都卜勒效應」或許是個幫助我們向前的心理機制，避免或用其他方式面對遭遇到的困難。

參考文獻：

● "The Temporal Doppler Effect", *Psychological Sience*.

（註）在物理學上，「都卜勒效應」指的是當聲波波源與觀察者相對運動時，因為兩者距離改變，造成頻率改變的現象。例如救護車往你的身邊開來，聲音變尖、頻率變高、波長變短；救護車開走時聲音變低、頻率變低、波長變長。

75 分享的快樂，兒時就知道？

◎謝承志

「與你分享的快樂，勝過獨自擁有，至今我仍深深感動。」伍思凱唱著與朋友分享的快樂，就像我們常說的「施比受更有福」，而根據英屬哥倫比亞大學心理學家的研究發現，不到兩歲的兒童就可以體會這樣分享的喜悅。

過去已在成人實驗時發現，我們幫助別人時感到喜悅，這也是為什麼人類會做「利社交行為」（pro-socially）的事。而這篇研究首度把這個概念套用在兒童上，不僅發現在給予時比接受更加喜悅，甚至分享自己的東西比轉送他人的東西更開心。

參與實驗的每個兒童由家長帶進實驗室，並讓他們認識一個人偶，而後給予八片餅乾。主試者把一片餅乾分享給人偶，數分鐘後，孩子被要求把一片餅乾分給人偶；接著數分鐘後，再多給孩子一片餅乾，要他把多的這片分給

人偶（給餅乾的順序為 counterbalanced 設計，也就是有些兒童會先被要求把一片餅乾分給人偶，有的則會先多給他一片餅乾分享），這些過程透過錄影記錄，再用一到七分來評分分析（一分：不怎麼開心；七分：非常開心）兒童的喜悅程度。

當兒童分享自己的餅乾時，比起分享主試者多給的一片餅乾還顯得開心。這樣的結果，誠如在利社交行為中的「自願犧牲擁有」；也說明了比起避開主試者提出的分享要求，透過分享，兒童在行為上更能獲得正向情緒。

我們都以為人性本來就很自私，但這個實驗證實，兒童其實在給予時比起接受更開心，更表達了人性本善，我們天生就不是自私的。而為什麼我們願意助人，甚至幫助素昧平生的人？一部分的答案就是，這會讓我們感覺很好。

參考文獻：

● “Giving Leads to Happiness in Young Childre”, *PLoS ONE*.

76 食物記憶有助於減肥？

◎謝承志

冬天到了，不停地吃彷彿還是吃不飽，夏天時辛苦甩掉的一身贅肉，往往就故態復萌了。不妨試試這招吧！研究指出，回憶一餐可以讓你有飽足感，情節記憶可以調整你的食欲。

過去已有研究指出，攝食過度與健忘有關；而英國布里斯托大學實驗心理學的學者Jeffrey Brunstrom發表在《*PloS ONE*》的研究指出，吃到很多東西的記憶（而不是真實吃了多少）會讓你較有飽足感。

這個實驗找來了一百位受試者，分成四組，一半的人看到碗裡裝著三百毫升的湯，另一半看到碗裡裝著五百毫升的湯，但他們設計了一個特殊裝置，可以讓實驗者操弄受試者實際喝到的湯量且不讓受試者發現，所以有一半的人實際喝到三百毫升的湯，另一半的人則實際喝到五百毫升的湯（四組即為：看與喝皆為三百毫升組／看與喝皆為五百毫升組／看三百毫升喝五百毫升組／看五百毫升喝三百毫升組）。

在他們喝完之後，馬上請受試者自行評斷飽足感，結果飽足感受與實際喝到的量成正比；但有趣的是，兩到三小時之後，再請受試者評估，則是五百毫升的人顯著地較有飽足感。而這樣「預期的飽足感」（expected satiation）經過一天之後，效果更為顯著。

這個實驗說明了餐後感覺飽足的記憶處理，對飽足感受的貢獻。「這個實驗也許可以用來說明，我們能用記憶減少能量的攝取，」Brunstrom 補充說：「這個結果讓我們很興奮，因為它說明認知控制在飢餓與飽足感上，並不單單只是由吃得多少或食物的構成決定。」

看來，想要吃得飽又不會吃太多，先把自己的餐具放大，因為與其吃「好大碗」不如用「碗好大」來裝食物，可以讓大腦感覺溫飽。

參考文獻：

● "Episodic Memory and Appetite Regulation in Humans", *PLoS ONE*.

77 為什麼我們排斥與陌生人同坐？

◎謝承志

大部分人坐公車時，如果身旁還有空位，通常不希望有陌生人坐在一旁。這是為什麼呢？而人們又要怎麼避免陌生人占據身邊的空位呢？發表在《*Symbolic Interaction*》的一項研究揭露了通勤者避免與他人同坐的策略，並稱之為「旅客非社交行為」（nonsocial transient behavior）。

耶魯大學的 Esther Kim 耗時三年，在數千英里的公車旅行中記錄，並驗證了通勤者對於身旁座位的潛規則。他的第一趟旅程是從美國的康乃狄克州到新墨西哥州，總共兩天又十七小時的旅程；接著是加州到伊利諾州，科羅拉多到紐約，德州到內華達州。

「我們住在一個充滿陌生人的世界，尤其在公眾場合時，感覺更是被一堆無名氏包夾。」Kim 說，「然而，要避免這樣的感覺可不簡單，尤其是在幽閉空間的大眾運輸工具上。」

Kim 發現，最明顯的潛規則就是，當如果公車上還有其他旁邊無人的空位，你就不應該坐在陌生人旁邊，否則「就會像是個怪人」。而如果乘客漸漸湧入，完全無人的空位慢慢變少，有座位的旅客就會開始避免讓剛上車的人坐在身旁。

Kim 漸漸熟悉一些潛規則，並記下人們「避免剛上車乘客坐到身旁」的各種方法，「例如說，裝忙啦，看手機啦，整理包包啦，或乾脆倒頭就睡。有時我們乾脆擺出一副『別吵我』的表情，就是那種『討厭被看』的樣子。」這些「必殺技」包括：

- 避免與剛上車乘客有眼神交集。
- 身體靠在窗上，並伸手下去抓腳。
- 在身旁放一個大包包占位子。
- 坐在靠走道的座位，戴上耳機聽音樂，假裝沒聽到其他旅客問：「請問靠窗的位子有人坐嗎？」
- 把自己的東西散落在身旁的空位，讓其他人懶得等你整理並讓出空位。
- 凝視著窗外發呆，讓自己看起來蠢蠢憨憨的。
- 假裝睡著。
- 把大衣放在空位上，讓這位子看起來有人坐。
- 如果前述全都行不通，就乾脆說謊：「這位子有人坐。」

不過，如果這班公車即將客滿，就會是不同的情況了。有座位的人，目標會從「不希望隔壁有人坐」變成「希望坐我旁邊的是個正常人」。

Kim 發現，種族、階級、性別以及其他背景因素，並不是通勤者主要關心的，他們只是不希望身旁坐了個怪咖。

Kim 說：「有一個乘客告訴我，應該避免讓胖子坐在一旁，因為他可能比較會流汗，所以身上比較會有味道。」這個非社交行為的動機，關係到一個人對於舒適程度的感受，而非身旁乘客的身分背景。

他也發現，這樣的非社交行為還會受到安全上的考量影響，尤其是長途旅行，可能在異地公車站有罹患傳染病的危險。另外，旅客們也預期彼此會因為班車延誤或其他不便因素感到疲憊。

最後，會有這樣的非社交行為，是因為與陌生人有一段冗長的時間共享狹小公共空間的挫敗感造成的。而這種蓄意脫離的動作，也是在公共場合中「社交孤立」的縮影。

參考文獻：

● "Strangers On a Bus: Study Reveals Lengths Commuters Go to Avoid Each Other", *Science Daily*, August 1, 2012.

78 人從嬰兒時期就有種族偏見？

◎謝承志

雖然嬰兒出生時就像一張白紙，沒有任何種族的認知，但根據麻州大學心理學家 Lisa Scott 的研究顯示，大約九個月大的嬰兒便可以認得與他們最常互動的臉孔的情緒，且區辨兩張不同種族的臉的能力也開始下降，並較難正確地配對情緒聲音與不同種族的情緒表達。

這個實驗的流程是，每個嬰兒由父母帶領進實驗室參與一小時的腦電波實驗，過程中給嬰兒看臉孔圖片，同時聽情緒聲音。受試者的四十八位當中，幾乎沒有與黑人有過互動經驗的白人嬰兒，他們必須完成兩項作業，第一項是區辨兩張臉的異同，兩張臉可能都是白人，或是都與自己不同種族；第二項是讓他們看與自己同種族或不同種族的情緒臉孔（開心或難過），搭配正確或不正確的情緒音效（笑或哭），並記錄他們的腦電波反應。

結果顯示，五個月大的嬰兒區辨同種人或不同種人的情緒臉孔的能力相同；但九個月大的嬰兒則只在區辨同種人的情緒臉孔時有較好的表現。在腦電波的部分，五個月大的嬰兒在同種與不同種人的情緒臉孔區辨的腦電波相同；而五個月大到九個月大的嬰兒，與情緒臉孔區辨相關的腦電波，則從大腦的前端慢慢移往後面。這樣的神經活動區位的改變，幫助我們了解新生兒第一年的腦部發展過程。

研究者表示，在嬰兒新生的第一年，他們對於周遭的人，像是家庭成員的感知發展特別強烈。這也被假定是造成日後有些成人要區辨其他人種的臉孔感覺較困難的根源，就像你會不會覺得美國人好像長得都一樣，但對於台灣人，卻是一看就知道誰是誰？

這樣的結果雷同於嬰兒學習語言的過程。在嬰兒不知道語言代表的意義時，他們將所有聲音一視同仁，不同語言的細微差異皆能區辨；但當他們開始學習母語時，對於其他語言細微差異的區辨能力便會下降。

這個實驗除了顯示嬰兒學習環境造成的差異影響之外，也許可以提醒早期教育（針對幼稚園甚至更小的孩子）應該加入避免未來種族歧視或刻板觀念的議題。研究者強調：「實驗結果顯示，人對於臉部認知能力開始有偏見，大約是在牙牙學語前的嬰兒期，而這時期的嬰兒還沒有種族的觀念。所以我們必須去了解這些『自然造成的』偏見，而試圖去減少、消滅偏見。」

參考文獻：

- “Building biases in infancy: the influence of race on face and voice emotion matching”, *Developmental Science*.

79 好音樂可以拉近彼此的距離？

◎蔡宇哲、田詠瑄

生活中不免有許多機會和他人接觸，但人們總是會無意識地與他人保持一定距離才感到安全，然而這距離會因人與情境的不同而有所改變。熱戀中的情侶總是越靠近越好，陌生人則會傾向要保持距離；在擁擠的車廂中會容許他人緊貼著你，但要是車廂空曠就會高喊色狼了。除此之外，還有一些因素會對這種人際感受造成影響，比方說聽音樂。

倫敦大學皇家哈洛威學院的薩奇利斯（Manos Tsakiris）博士認為聽音樂會影響人們對人際距離的感受。在一個研究中，他請參與者透過耳機或擴音的方式聆聽音樂，共分靜音、正向或負向情緒的音樂三種情境，每種情境在進行十二秒後要求參與者走近陌生人，或是讓陌生人逐漸靠近，直到感覺不

舒服時喊停。結果發現：相較於負向音樂，聽正向音樂時會願意距離他人較近，且用耳機聽正向情緒音樂也比無音樂時更願意靠近他人。因此，不同的音樂確實會影響人與人之間的距離，而且正向音樂使人更靠近、負向則使人更疏遠。

下次搭到人擠人的公車時，試著戴上耳機聽聽開心的音樂吧！這應該可以讓你感到舒服自在一些。

參考文獻：

● Tajadura-Jiménez A, Pantelidou G, Rebacz P, Västfjäll D, Tsakiris M, "I-space: the effects of emotional valence and source of music on interpersonal distance", *PLoS One*, 2011;6(10):e26083. doi: 10.1371/journal.pone.0026083.

80 人為何會以貌取人？

◎蔡宇哲、林莉蓁

長輩常常會告誡我們，看人要注意他的內在涵養，千萬不要以貌取人。雖然我們自己也會以此為標準，不過這種主觀判斷在現實生活中似乎無可避免。萊斯大學（Rice University）和休斯頓大學（University of Houston）的研究發現：臉上有胎記、瑕疵或疤痕的話，可能會影響求職者錄取與否，而這種情況並不見得是源自於偏見或缺乏道德，而是因為面試官的注意力被分散的緣故。

在求職面談場合中，面試官需要與求職者邊談邊對他加以評價，而這過程中最重要的當然是要記住他們所說的內容，藉此來評價資質與內涵來決定是否該錄取。但這時他們臉上若有明顯的瑕疵的話，會使得面試官的注意力分散而降低整體評價，因而影響他們錄取工作的機會。

這項研究包含了兩個實驗，第一個實驗先請一百七十一名學生觀看求職者面試的影片，並追蹤他們的眼球活動情況以了解視線的移動。在面試影片結束之後，要求他們回想過程裡有關求職者的相關訊息。結果發現，當他們在觀看面試對話時，注意力會自然而然地放在雙眼和嘴巴附近的倒三角形區域。如果不是注視在這個範圍，轉為注意求職者其他區域的胎記或疤痕，注視程度越高則對於所說內容就會記得越少，也因為記得較少而可能降低對他們的評價。

第二個實驗則是更進一步地請有面試經驗的三十八名專業管理人擔任面試官，分別與臉部有瑕疵和無瑕疵的求職者進行面試。令人感到意外的是，儘管隨著年齡增長，經驗和教育程度的提升，在這種面對面的環境中，面試官仍然會不自覺地讓視線望向臉上的瑕疵。而也因為如此，就如同實驗一的結果一樣，因為臉部瑕疵而使得求職者的評價變低了。

雖然我們早已知道臉部外觀的好壞可能影響著面試成功的機會，也不停地在教育中宣導，希望這些特殊族群在工作場所中別再受到不公平的待遇，但這項研究結果使我們更了解這種狀況的形成可能有著更複雜的原因，並不只是因為面試官的偏見、情緒或厭惡，也可能是注意力不自覺被轉移所造成的，希望藉此能讓這種不平等待遇獲得更多的重視並有所改變。

參考文獻：

● Madera JM, Hebl MR, "Discrimination against facially stigmatized applicants in interviews: an eye-tracking and face-to-face investigation", *J Appl Psychol*, 2012 Mar;97(2):317-30. doi: 10.1037/a0025799.

81 要專心還是多做白日夢？

◎劉育志、白映俞

每一天，我們坐在辦公桌前盯著手裡的文件，但是我們的心可能停留在週末的度假行程裡，或計畫著下班之後的甜蜜約會，也可能正被失戀所困擾。無論是在上班、開車或用餐，我們的腦子常常會不自覺地神遊四方。

自古以來，一直都有智者告誡我們要「活在當下」，專注於眼前的事情，心無旁騖才能做好事情，也才會獲得快樂，幸福感更會因此提升。對於這樣的忠告有人感到茫然，有人心領神會，有人則試著用科學的方法去證明它。

兩位哈佛大學的研究員，柯林沃斯（Matthew A. Killingsworth）和丹尼爾．吉伯特（Daniel T. Gilbert）開發了一個 iPhone 應用程式，每天會隨機地傳送發出幾個問題給受試者，經由這個應用程式可以即時記錄下人們正在做什麼、正在想什麼，以及心裡的感受和幸福的感覺。這個應用程式收到很大量的回覆，他們蒐集到一萬五千多人，超過六十五萬筆資料，這些人遍布在八十多個國家，從十八歲到八十歲，男女都有，涵蓋各種學歷，各行各業都有。

研究結果中，會讓人們感到最快樂的活動是「做愛」，快樂指數遙遙領先其他日常活動，其次是運動、交談、玩遊戲、聽音樂、禱告、烹飪等。

研究人員發現，人們真的是非常容易「分心」。在所有的樣本中，有47%是處在分心的狀態，最容易分心的時刻是在沖澡時、刷牙時，有65%；在工作時，有50%；在運動時，有40%。名列「最不會分心」之首的活動是（你猜到了嗎？），沒錯，還是「做愛」，不過也有超過10%的機率。話說回來，如果連「做愛」都能夠分心，那大概沒有什麼是不能夠分心的了。

當人們分心的時候，可能想著的是「快樂的事情」，例如約會、度假、升官、美食、中大獎；或是「不快樂的事情」，例如受騙、失戀、疾病、考試念不完；也可能只是無關喜怒，單純「中性的事情」。

若是人們的腦子裡想著「不快樂的事情」時，肯定會感到很不快樂。不過，值得注意的是，縱使腦子裡想著「快樂的事情」，但是和「專心」的狀態相比，快樂的程度並沒有比較高。又如果分心想著「中性的事情」，那快樂的感覺也會降低。

換言之，不管做什麼，如果能夠專注在眼前的事情，人們將會最快樂。甚至連只是單純地開車，專心都會比不專心感到比較快樂。

對於這樣的結果，也有人提出質疑，認為「就是因為心情不好，所以才會分心」。不過因為這項實驗即時記錄了許多人的感受，在比對時間點與心情變化之後，研究人員很肯定地表示：「是分心造成了不快樂，而不是不快樂讓我們分心。」他們已將部分的結果發表在《科學》（*Science*）期刊上，提醒大家「漫遊的心靈是不快樂的心靈」（A wandering mind is an unhappy mind.)。

經由這樣的研究，證實了「活在當下」的重要性，並告訴我們最投入的時刻通常是最快樂的時候。否則，幸福就會像江蕙在「愛作夢的魚」裡唱的那樣，「幸福啊，是按怎？若像水鏡同一般，照星照月照無阮的影。」

然而，白日發想，做做白日夢，難道真的如此一無是處嗎？

白日夢與工作記憶

形容一個人常常「胡思亂想」或「做白日夢」，往往被認為是較負面的說詞，但刊載於《心理科學》（*Psychological Science*）的論文則提出不大相同的看法。

神經科學裡有理論認為，我們人類的大腦和電腦一樣，具備一定容量的工作記憶（working memory）。工作記憶是對各種訊息的「暫存」與「處理」能力，可供我們思考運用。假設我們正在執行的工作占用較多的工作記憶時，就沒有多餘的空間去胡思亂想。

美國威斯康辛大學麥迪遜分校和德國馬克斯．普朗克認知與腦科學研究所的學者做了實驗來探討「工作記憶」和胡思亂想之間的關係。在這個研究裡，研究者要求受試者從事一些較不嚴苛的工作，在工作中若腦子裡出現胡思亂想就按下個按鈕以做紀錄。任務結束之後，受試者會接受「工作記憶」容量的評估。

根據實驗結果，研究人員認為「工作記憶的容量與胡思亂想的頻率之間有正相關的關係」。說得簡單一點，就是當人們執行複雜的工作時，已占用大部分的工作記憶，所以較不會胡思亂想；而當人們在執行較簡單的工作時，僅占用少數的工作記憶，因此就更可能出現胡思亂想。

另外，較常胡思亂想、做白日夢的人，或許代表本身有著較高的工作記憶容量，使得這些人的腦子能夠在同一個時間裡處理較多事情，所以腦袋就會容易出現胡思亂想。

做白日夢可以幫助記憶形成

有學者認為，工作空檔出現的白日夢可能與記憶的形成有關。紐約大學的神經科學家譚畢尼（Arielle Tambini）就做了個實驗，並刊載於醫學期刊《神經元》（*Neuron*）上。

在實驗中，研究人員會讓受試者先看許多組「臉孔—物品」配對的圖片，然後給予幾分鐘的休息時間，在休息的時候受試者可以隨意發想，接著再看另外許多組「臉孔—景色」配對的圖片，然後再給予幾分鐘的休息時間。

實驗過程中，研究者利用功能性磁振造影，評估受試者的海馬迴和大腦皮質的活動訊號。結果顯示當受試者結束看圖片，處在休息放空、胡思亂想時，海馬迴和大腦皮質依舊相當熱絡地活動著。只要這兩區的活動越強，就越能把訊息轉為記憶，使得在後續的測試中，受試者對圖片配對的記憶力就越好。

研究人員認為當腦袋離開工作，放空或胡思亂想時，大腦仍會持續進行「寫入」的動作，因而使得記憶力增強。

雖然，我們總是期待或要求自己能夠持續不斷專注地工作，但事實上一直專心簡直是不可能的任務。幸好有這個實驗結果，讓我們曉得「腦袋放空，做做白日夢」其實也是很重要的事情，因為這個空檔能夠讓大腦把剛剛學到的東西放進腦袋的記憶欄內。

所以當我們埋頭工作時，一定不要忘記給自己一點休息時間，適度地抽離，做做白日夢或許可以讓大腦運作得更好。

白日夢幫助我們打造未來

加州大學的學者發現，腦子裡出現的白日夢內容中有較大的比例是關於「未來」，而工作記憶較高的人會更容易產生「前瞻性的白日夢」，亦即計畫自己的目標與未來。

或許這就是一個為了協助個體生存的自動化設計，因此我們的腦子會傾向去思考、演繹未來，對周遭情勢做出想像、評估、判斷，事先預習或演練未來。

推理未來的能力雖然有助於生存，但也伴隨著其他的代價，而我們所必須付出的是「情感上」的代價。

舉個例子來說，當大雄滿心期待地挑選禮物，計畫在情人節向小芳告白時，腦子裡可能會自動跑出許多個聲音：「小芳可能不喜歡這個顏色的項鍊。」、「在餐廳裡告白比較好？還是在公園裡告白比較好？」、「小芳會不會發給我『好人卡』？」、「小芳搞不好比較喜歡大牛……」、「小芳會不會從此不接我的電話？連朋友都當不成。」

曖昧的情愫就是如此既酸苦又甜美，偏偏諸多想像可能讓大雄越來越不安，越來越憂心，因而舉棋不定，甚至緊張到裹足不前，最後被自己想像出來的恐懼徹底擊退，完全放棄告白的計畫。這些擔心、憂慮與不快樂，就是「演繹未來」所付出的代價。

大腦自動推演出關於未來的好幾個劇本，雖然有助於評估情勢，卻也不可避免地會加深憂慮。況且，最終現實世界可能選擇了另一個意想不到的結局，讓這些想像中的劇本完全沒有出現。人們絞盡腦汁換來的卻是「自己嚇自己」的白忙一場，這種狀況其實隨處可見！雖然我們曉得「許多的恐懼都出於自己的想像」，但卻又會不可自拔地陷入這樣的循環之中。

那如果往好處推想會不會好一點呢？讓我們回到大雄的例子。

如果大雄努力往好處幻想，「小芳會愛死這個禮物。」、「小芳會開心地握住我的手，甚至親我……」、「小芳會吻我，甚至……」

結果呢？結果這些想像可能全部落空，因為有越高的期待，大雄會越加失落。無論是往好處想或往壞處想，想多了往往只會製造更多的煩惱。或許這樣的觀點恰好又可以呼應之前所提到的說法，「漫遊的心靈是不快樂的心靈」。

我從事創意產業。專注讓我深陷，白日夢是我的救贖

傳說中，阿基米德泡進浴缸放鬆心情的時候，突然頓悟了讓他朝思暮想的難題，於是興

奮地衝出浴室，光著身體大喊著：「Eureka!（我發現了！）」這種靈光乍現、驚喜的感覺，你可能也在蹲馬桶上廁所或泡咖啡時曾經歷過。

對於研究人員、創意工作者而言，白日夢更常被認為是個「生活必需品」。詩人可能在山野間聽到一段詩歌，小說家可能在列車行駛轟隆隆響的同時聽到一段故事。最棒的點子通常是來得像愛神丘比特的箭一般地突然和意外，於是創意工作者熱愛做白日夢，希望能獲得多一點靈感，想出多一點名堂來。

這個觀點似乎有了些科學證據。加州大學的學者設計了實驗，試圖找到「白日夢」和「創意」之間的關聯，該實驗結果刊載於《心理科學》（*Psychological Science*）。

他們找來了一百四十五位大學生，分為四組，讓他們進行「不尋常使用方法挑戰」。研究人員會交給他們一些常見的物品，然後請他們在兩分鐘內列舉出各種可能的使用方法。接著有十二分鐘的中場時間，在中場時間裡有一組人休息、有一組人做需要專注的記憶練習、有一組人盡量做白日夢，另外有一組受試者則沒有中斷。緊接著再讓這些受試者做更多「不尋常使用方法挑戰」，受試者可能遇到新的物品或重複的物品。

實驗結果顯示，中場時間能夠盡量做白日夢的那一組人，在做完白日夢之後，面對同樣的物品會呈現出較多創意，較平均值高出41％。就算是使用牙籤，也能做出更多有創意的表現。

不過，受試者如果拿到的是全新的物品時，四組的表現則相差不多。

研究人員認為，做做白日夢讓心靈漫遊的確會讓人們在解決問題時展現更多的創意，不過這些問題需要的是曾經思考、咀嚼過的問題，並非讓創造力全面提高升等。

這個結果一方面可以告訴我們，人們腦子裡的知識、想法或計畫，在經過白日夢的「發酵」之後，可能出現神來一筆的妙著；另一方面也提醒我們，別傻傻地期待「天外飛來的創意」，畢竟腦子裡需要先裝些東西進去，創意才有可能被製造出來。是以，美好的旋律會出現在音樂人的腦子裡，絕妙好辭會出現在文人的腦子裡，想來絕非偶然，那都是需要經過許多努力、累積、醞釀才會長出的美麗果實。

讓咱們說個音樂家湯姆．威茲的小故事，這正是關於做白日夢的極致經典。

有天湯姆開車在洛杉磯的高速公路上，當他正加速前進時，突然聽到了美妙旋律的片段，靈感便這麼闖入了他的腦海中。但是他沒有紙或筆也沒有錄音機，無法記錄這個片段。湯姆感到焦慮向他襲擊，認為自己就要失去這個靈感！

但接著，他做了件新穎的事。

他抬頭望著天空，然後說：「不好意思，難道你看不出來我正在開車嗎？我現在看起來像是可以寫下一首歌嗎？如果你真的想要給我這樣的靈感，那就等等適合的時候，等我有空應付的時候再來。否則，今天就先去找別人吧！」

是的。漫遊的心靈會帶來創意、靈感、記憶與未來，伴隨而來的就是搆不著的焦慮，甚至是無邊的恐懼。

如同安迪．普迪科姆（Andy Puddicombe）所說：「我們住在一個非常忙碌的世界，我們生活的步調相當狂亂，心智總是忙碌著思考，而我們也總是忙碌地在做著某些事情。令人難過的事實是，我們是如此分心，以至於我們其實早已不算是存在於『現在』生活的世界裡了。我們錯失了對我們而言最重要的『現在的生活』，而且更瘋狂的是，人們把這樣的生活認定為該有的生活，但事實上不該是這樣的。」

作家為了即將到來的截稿日而焦慮，然後他開始為他的焦慮而焦慮，因為越焦慮他就越想不出來。焦慮繼續放大焦慮，就是我們常常深陷其中卻毫不自知。

總結來說，專注於手中的工作、心無雜念，可能是最沒有心理負擔的一種做法，所以人們會因為投入而獲得快樂，提升幸福的感覺。

而大腦賦予我們無限的想像力，讓人們可以構思、可以推演、可以迸出創意。但是，假若過度放縱這樣的能力，將會讓我們活在不斷推想的「未來」之中，這些「未來」可能毫不存在，也不會實現，但卻可以帶來貨真價實的擔心與焦慮。

讓大腦專注或讓心靈漫遊，並沒有絕對的對錯，但是，應該要取得一個適當的平衡點，才能替心靈裝上翅膀，而不讓心靈被困在自己構築的牢籠。

參考文獻：

● Killingsworth MA, Gilbert DT, “A wandering mind is an unhappy mind”, *Science*, Nov 12, 2010

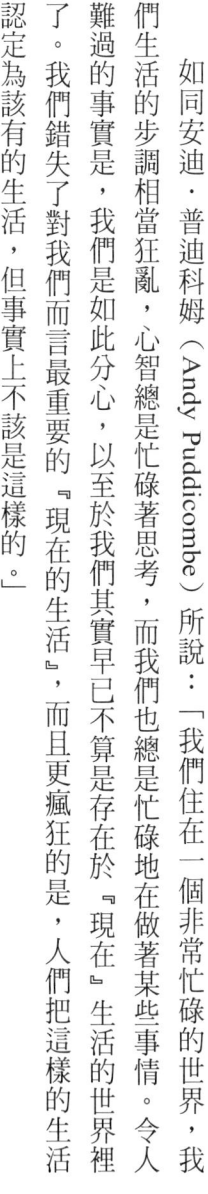

;330(6006):932.

- 「愛作夢的魚」，作詞：潘協慶，作曲：周杰倫。
- Levinson DB, Smallwood J, Davidson RJ, “The persistence of thought: evidence for a role of working memory in the maintenance of task-unrelated thinking”, *Psychol Sci*, Apr 2012;23(4):375-80.
- Tambini A, Ketz N, Davachi L, “Enhanced brain correlations during rest are related to memory for recent experiences”, *Neuron*, Jan 28,2010;65(2):280-90.
- Baird B, Smallwood J, Schooler JW, “Back to the future: autobiographical planning and the functionality of mind-wandering”, *Conscious Cogn*, Dec 2011;20(4):1604-11.

82 好奇心提升學業成績？

◎蔡宇哲、楊青如

每個父母都會「望子成龍、望女成鳳」，特別是在學業成績上，因此很多父母都很執著於兒女的智力高不高。的確，智力是良好學業成績的要素，但並非是充分條件。天資聰穎的小孩如果沒有受過良好的教育，充其量也只是個會耍耍小聰明的平庸之輩。

心理學家也想知道除了智力之外，還有哪些可以使學生表現更傑出的因素？他們所發現的其中一項人格特質是勤奮盡責。以學生而言，最基本的就是準時上課和完成作業，該人格特質分數越高者，其在校表現會有比較好的傾向。其實這並不是件令人意外的事，仔細去想，努力認真讀書本來就可以預測學業成績的表現。

除此之外，「好奇心」也是學業成績表現中極重要的因素。英國愛丁堡大學的研究團隊彙整了約兩百個研究、近五萬名學生的數據，以後設分析（meta-analysis）的方式來對各因素重要性進行探討。他們發現好奇心確實會影響學業成績的表現，且好奇心和勤奮盡責一樣具有相當大的影響力，當同時擁有這兩個特質時，其影響力就和智力一樣大！

蘋果創辦人賈伯斯（Steve Jobs）曾建議人們要求知若飢（Stay Hungry）、虛心若愚（Stay Foolish）。好奇心基本上就是對於事物探索的渴望，每個人生而對外界事物充滿著好奇心，從小就會對父母追問著一切陌生的事物。若學生能夠對課業內容保有好奇心的話，自然會主動去尋找資訊並學習，如此一來，有很好的成績也就不令人意外。可惜的是，台灣教育養成的機制並未能維持孩子的好奇心，只會養成他們「背起來就對了」的填鴨式教育。於是乎學生對讀書越來越覺得是壓力與恐懼，不再樂於學習。這提醒了所有老師們，教學的目的並不是把課程內容講完讓學生死背起來就好，而是要啟發他們的好奇心。若能夠做到引起學習的動機，讓學生投入在知識中並成為獨立學習者，就算在講台上放一顆西瓜，學生也是可以學得很好的。

參考文獻：

● Sophie von Stumm, Benedikt Hell,Tomas Chamorro-Premuzic, "The Hungry Mind: Intellectual Curiosity Is the Third Pillar of Academic Performance", *Perspectives on Psychological Science*, vol. 6 no. 6 574-588.

83 回憶往事讓人們感到心頭暖？

◎蔡宇哲、林映秀

「賣火柴，賣火柴，有人要買火柴嗎？」冬夜裡，可憐的小女孩為了取暖，不得已點燃了要拿來換取金錢的火柴，而在點燃最後一根火柴時看到了慈祥的奶奶。故事中會描繪到憶起奶奶的慈祥是有道理的，因為有研究指出：回憶美好往事確實可讓人身體暖和起來。

我們常常在回憶起童年往事的點點滴滴時，心頭會感到有一絲暖意，在異鄉冬夜時也特別容易勾起思鄉情緒。人們對於往日的懷念並不只是回憶跟說嘴而已，不管是與知交朋友聊到或是自己回想起往日時光，除了心理上產生一絲暖意外，生理上也確實對冷熱的感受有所影響。

一群研究者對人們的懷舊情緒很感興趣，他們設計了五個巧妙的實驗來探討懷舊情緒與生理冷熱感受的關係。實驗一邀請十九位大學生參與研究，他們連續三十天、每天定時評量自己當天的懷舊程度，並在晚上十點將當天的評量透過手機告知實驗者。之後將他們所記錄的懷舊程度與當天氣溫對照發現，當氣溫越低時，當天的懷舊程度就越高，而這也符合我們一般的生活經驗，當人們在天冷甚至飄雨的夜晚時總是感到寧靜和寂寞，此時往往會想起故鄉，以及往日和親人的生活點滴。不過，在生活情境下，除了溫度以外，還有很多變數，因此需要以較嚴謹的實驗室研究來探討溫度與懷舊之情的關係。

實驗二則是將九十位大學生隨機帶入低溫（20°C）、適溫（24°C）與高溫（28°C）三種溫度之一的房間，請他們進行約五分鐘的填充作業（filler task），之後再評量自己的懷舊程度。結果與實驗一類似，參與者在低溫房間裡會明顯有比較高的懷舊程度，因此就更能進一步確認生理上冷熱感受與懷舊情緒的關聯，越冷的話就會越增加思念的情緒。

既然冷的感受會提高懷舊情緒，那是因為回想往日可以讓人有溫暖的感受，因此人們會不自覺地採用這個策略來讓身體變得暖和嗎？研究者想知道誘發出懷舊之情後是否會感覺身體變得溫暖，因此他們邀請了一千零七十位年齡介於十二到六十八歲（平均三十七歲）的參與者，聆聽四首讓他們回味再三的歌曲，聽完後評估是否誘發懷舊情緒，以及生理上的感覺是否較為溫暖。結果發現聆聽令人回味的音樂後，懷舊程度提高了，也感覺身體有變得比較暖和。不過，這裡的變暖和是參與者的主觀感覺，實際上體溫或代謝是否有改變，不得而知。

實驗四讓六十四位大學生分成兩組，帶入低溫的房間（16°C）後，請他們回憶自己懷念的往事或是回憶日常一般事件，接著評估自己的懷舊程度，並推估目前的房間溫度。結果顯示，回憶往事的參與者會傾向高估室溫，這表示他們生理上感受到的溫度，相對之下是較為溫暖的。最後一個實驗與實驗四有相同過程，不過在回想事件後請他們將手放入冰水（4°C）中，並盡量持續久一點。結果顯示回想往事者可以忍受手在冰水中的時間會比較久，這顯示了懷舊之情可讓人感到溫暖，因此較能忍受低溫的侵襲之痛。

這一系列五個實驗顯示懷舊之情不僅讓人心生暖流，同時可能增加了生理上的暖意感受，並對低溫有更好的忍受力。暖心的回憶幫助我們暫時適應環境的不舒適，所以，下次天冷的時候別點火柴了，懷念一下美好的往事就可以讓身子暖和起來。

參考文獻：

● Zhou X, Wildschut T, Sedikides C, Chen X, Vingerhoets AJ, “Heartwarming memories: Nostalgia maintains physiological comfort”, *Emotion*, 2012 Aug;12(4):678-84. doi: 10.1037/a0027236.

84 道歉並不如心理預期的有效？

◎蔡宇哲、廖婉琪

生活中難免會做了些錯事而需要向他人道歉，有時也會看到新聞中，政府官員或名人為了自己的錯誤判斷或不當行為而向大眾公開道歉。每當水、電、石油……等民生物資漲價，人民或民意代表總是會要求政府官員要出面道歉，雖然實際上真的有道歉的情況不多，但大家總認為道歉就能平息眾怒，讓彼此心裡都好過一些。真的是這樣嗎？有研究指出，我們常常高估了道歉所獲得的效果，實際上並沒有想像中來得好。

道歉是否真的能讓受損的人們釋懷？這當中當然有受損程度的區別。若先不談重大的受損，一般道歉後，民眾的怒氣就消了嗎？心理學家對道歉的效果有多少很感興趣，因此荷蘭伊拉斯姆斯大學（Erasmus University）的教授克里默（David De Cremer）與另兩名學者設計了一個研究，他們希望透過嚴謹的實驗設計來了解人們對道歉的感受是如何的。

一開始，他們讓每位參與者都先獲得十歐元，這筆錢可以決定自己保留，或是給另一位正透過電腦和他溝通的夥伴（實際上此夥伴並不存在）。若決定把錢給夥伴，則對方所獲得的錢會翻漲成三十歐元，但自己可以獲得的金額則取決於對方願意給多少。不過，有趣的是，實驗設計讓每位參與者一律都只獲得五歐元的回饋。接著有部分參與者會實際獲得道歉，而另一部分的人則需自己「想像」他們獲得了道歉。

有趣的是，那些想像自己得到道歉的人，心裡會比實際得到道歉的人感到舒服得多。這說明了當談論到解決衝突需要何種方法時，我們往往會有錯誤的預測，雖然大家都想得到道歉，而且認為道歉有很高的價值，但其實得到道歉的感受會比我們預估的還不滿意。

當然，這樣的研究結果並無法類推到所有道歉情境，不過仍提供了值得參考的訊息：人們總是想像獲得道歉的效果很大，因此總以為對方若道歉的話自己心裡會好過些，但實際所感覺到的效果可能並不如所想像，此時還可能會更加難過或生氣吧。就如同一部偶像劇中的台詞：「如果道歉有用，那還要警察幹嘛？」由此可知，道歉只是與對方和好的第一步，仍需要後續一些行動表示誠意才行。

參考文獻：

● David De Cremer, Madan M. Pillutla2, Chris ReindersFolmer, "How Important Is an Apology to You? Forecasting Errors in Evaluating the Value of Apologies", *Psychological Science*, January, 2011 vol. 22 no. 1 45-48.

想要贏球就要睡飽？
——睡眠篇

85 在睡夢中能保有自我意識？

◎蔡宇哲

你在睡夢中還能夠知道自己正在睡覺嗎？做夢是人們睡眠時自發性的現象，由文明之始，人類就不斷地探討夢境內容是否有什麼意義。絕大部分的夢境多半像是電影情節，即使身在其中卻也是「身不由己」，無法自主地控制夢中的行為。但偶有少數情況是能夠意識到自己在做夢，並且可以保有自我意識的，這稱為「清明夢」（Lucid dream）。然而做清明夢時，是真的可以有自我意識，還是這個自我意識也只是夢一場呢？

人們的睡眠並不是同質狀態，是在速眼動睡眠（Rapid Eye Movement Sleep）與非速眼動睡眠兩種狀態下循環交替。在晚上八小時的睡眠中會經歷四到五次的速眼動睡眠，而在速眼動睡眠當中多半會有夢境發生（清明夢也是），也因此多數夢境研究都針對這個睡眠階段所產生的夢進行討論。

德國馬克斯普朗克精神醫學研究中心（Max Planck Institute of Psychiatry）的研究者想知道，在清明夢的狀態下，大腦是否會反映出有自我監控的能力？因此徵求了會做清明夢的人來進行實驗。受限於會做清明夢的人不多，因此只有四位二十七至三十二歲的男性參與者來進行研究，他們皆有四到二十年的清明夢經歷。為了能夠在作夢的同時記錄到大腦活動狀態，參與者都需在核磁共振儀器中連續睡兩到六個晚上，且被告知若是進入清明夢，需打一些「暗號」來告知現實生活中的實驗者。暗號就是讓自己的眼球以左－右－左－右移動兩次後，緊握左手十秒，再將眼球左－右－左－右轉動，再緊握右手十秒。實驗者確認參與者確實發出暗號後就把他喚醒，詢問是否有做夢，以及是否為清明夢。

接著，將清明夢與一般夢境的狀態相比較，發現確實有部分腦區活動增強了，而這些增強的腦區多與自我意識有關。如右腦背外側前額葉（right dorsolateral prefrontal cortex）與自我評價有關、楔前葉（Precuneus）與自我知覺有關、前額極皮層（frontopolar）與評價自我思緒與感受有關。由大腦活動情形可以支持進入清明夢的人確實還保有自我意識。

一般的夢境中，人們僅有很基本的意識層面能經歷到視覺、聽覺……等知覺感受與情緒，但做夢時多半不知道自己在做夢，也就是缺乏自我察覺；而做清明夢的人的與眾不同之處就是他們在夢中仍有自我意識。然而，這個研究受限於會做清明夢的奇才太少，因此樣本數不多，還需要更進一步的研究才能確認清明夢這個狀態。

看來，人腦真是有多種可能的神奇狀態，不僅僅是清醒與睡眠兩種變化這麼簡單。

參考文獻：

● Dresler M, Wehrle R, Spoormaker VI, Koch SP, Holsboer F, Steiger A, Obrig H, Sämann PG, Czisch M, "Neural correlates of dream lucidity obtained from contrasting lucid versus non-lucid REM sleep: a combined EEG/fMRI case study", *Sleep*, Jul 1,2012;35(7):1017-20. doi: 10.5665/sleep.1974.

86 充足睡眠可以降低肥胖的基因影響力？

◎蔡宇哲、陳怡臻

有些人會自嘲說：「我是個光呼吸、喝水就會胖的人。」的確，除了飲食、運動、環境……等因素外，基因也是個影響體重的重要因子。近期研究發現，關於肥胖的基因影響力，將隨著睡眠時數而有所不同，當睡眠時數過少時，基因的影響力將大增！

研究者收集了一千零八十八對雙胞胎（六百零四對同卵）的身高、體重等基本資料與其睡眠時數的主觀報告。因為同卵雙胞胎彼此有著相同的基因，所以這種雙胞胎研究可以用來區辨基因的影響力有多少，減低其他外在因子的混淆。結果發現，睡眠時數與身體質量指數（body mass index, BMI）為負相關，也就是睡得越少的人，ＢＭＩ越高。進一步分析發現，若睡眠時數少於七小時，其基因對ＢＭＩ的影響力高達70％；而若睡眠時數多於九小時者，其基因影響力則降為32％。

遺傳基因對於生理有很大的影響，像是血糖的代謝、能量的消耗與儲存以及脂肪酸的儲存……等，而這些都與體重調節有關。在這項研究當中，睡眠時間較短者，其基因對於體重的影響，比睡眠時間長於九小時者高出兩倍多。換句話說，較少的睡眠時數會使得肥胖的基因影響力更容易表現出來，或可以反過來說，充足的睡眠時間將有助於降低肥胖基因的影響力。

減重者總是無所不用其極地想辦法少吃多動，但常忽略了生活形態的重要性。相關研究指出了適度的睡眠以及減輕壓力將有助於減重，且睡眠不足也會使得食欲變旺盛。雖然此研究並未能說明睡眠時數與肥胖的基因機制，但也揭露了基因影響力與睡眠不足的關係。

因此，想要抑制體內蠢蠢欲動的肥胖因子的話，就先讓自己有充足的睡眠吧！

參考文獻：

● Watson NF, Harden KP, Buchwald D, Vitiello MV, Pack AI, Weigle DS, Goldberg J, “Sleep duration and body mass index in twins: a gene-environment interaction”, *Sleep*, May 1,2012;35(5):597-603. doi: 10.5665/sleep.1810.

87 孤獨感與睡眠品質不佳有關？

◎蔡宇哲、陳怡臻

你在夜深人靜時會感到孤單、寂寞、冷嗎？被這種負面情緒環繞著可不是件好事。研究顯示，孤單不只令人心碎，也與睡眠中斷有關。換句話說，越孤單的人，睡眠上也就會越呈現不連續的片段化，也就是睡眠品質會不好。研究者認為，這可能是負向情感對健康產生影響的途徑之一。

這項研究有九十五位約四十歲、群居於美國鄉村（南達科他州）的成年人參與，這些人都不是獨居，不過他們對於孤獨的感受卻有著不小的個別差異。研究者讓他們配戴腕動儀（wrist actigraph）一段時間，以此來評估客觀的睡眠情形，並控制了年齡、性別、BMI與心理因子……等的影響。

分析這些人的孤獨感與睡眠情況後發現，孤獨感越高的人，夜晚睡眠片段化的情況越嚴重，兩者呈現正相關。而一般人認為孤單會難以入睡的情況並沒有獲得支持，另外睡眠時數與白天睏睡度也都與孤獨感無關。

睡眠這項對健康相當重要的行為，看來與孤獨的感受有高度相關，但是究竟是孤單讓人睡不好，抑或是睡不好的人容易感到孤單呢？目前尚無法確知，還需要更多的研究來了解兩

者的因果關係。這個研究也顯示，與孤獨感有關的不是睡眠時數而是睡眠品質，也就是會讓人更容易在睡夢中醒來。若能根據這個心理感受與睡眠狀況的關係再更進一步研究，可以使我們更了解社會與心理因素是如何影響著我們的健康。

看來，不管是生活在農村的中年人，或是為課業及課外活動而忙碌的大學生，都需要擁有安全感，不感到孤單，才能在夜晚有個好眠。

參考文獻：

● Kurina LM, Knutson KL, Hawkley LC, Cacioppo JT, Lauderdale DS, Ober C, “Loneliness is associated with sleep fragmentation in a communal society” *Sleep*, Nov 1,2011;34(11):1519-26. doi: 10.5665/sleep.1390.

88 睡眠有助於整合腦中的資訊？

◎蔡宇哲、陳怡臻

要記憶一組新的電話號碼或單字是一回事，而要將這些資訊從大腦中提取出來則又是另一回事。一篇發表於《神經科學期刊》（*Journal of Neuroscience*）的研究指出：睡眠可能對以上兩者都有幫助，可以幫人們將新學習到的詞語整合至心智辭典（mental lexicon）之中。

研究中有一組受試者在晚間學習新的詞彙，學習完後隨即進行一次測驗，接著受試者在實驗室入睡，並記錄整晚睡眠時的腦波變化；第二天早上醒來後再進行第二次詞彙測驗。結果發現：無論是詞彙數或辨識速度，早晨的測驗結果都比晚上學習後隨即測驗要來得好。

而另一組受試者則是在早晨學習新詞彙並測驗，在當晚進行第二次測驗，兩次測驗間隔時間與第一組相同，但差別在沒有獲得睡眠。結果顯示，沒有睡眠的受試者第二次測驗就沒有進步的現象，這顯示了睡眠有強化新記憶的作用。不過這兩組還有約日節律的差異，並非僅有睡與不睡的差別。

另一方面，從有進行睡眠的受試者腦波中可以發現，相較於速眼動睡眠（rapid eye movement sleep）或是淺眠，慢波睡眠（slow wave sleep，此為深層睡眠）對於強化新記憶較有幫助。

記憶在不同時期、大腦不同區域的儲存方式是不同的，在海馬迴的新記憶會獨立儲存，而在大腦皮質的記憶則是會與其他舊有知識做連結。而新記憶是何時與舊知識做連結，並歸納至人們的心智辭典的呢？研究者認為就是在睡眠當中發生的。他們發現，即使在睡眠中，大腦仍在進行許多活動，像是睡眠紡錘波（sleep spindle wave）為陣陣短暫且強烈的腦部活動，可能代表著大腦不同區域的記憶正在傳遞，這也就是腦深層的海馬迴與大腦皮質間的傳遞。確實，在研究中發現睡眠時有越多紡錘波產生的人，醒來後的記憶表現就越好，這也表示他們成功地將新詞彙和心智辭典中的舊詞彙做了連結。

記憶不單只是把新資訊儲存起來而已，還需要與原有知識結合，新舊整合之後才能派上用場。這個研究發現了在睡眠時，大腦可以組織新記憶，且建構出這些記憶與既存知識間的重要連結。因此，睡眠對於資訊整合是有幫助的，同樣的機制可能也適用於其他類型的學習。

參考文獻：

● Tamminen J, Payne JD, Stickgold R, Wamsley EJ, Gaskell MG, "Sleep spindle activity is associated with the integration of new memories and existing knowledge", *J Neurosci*, Oct 27, 2010;30(43):14356-60. doi: 10.1523/JNEUROSCI.3028-10.2010.

89 睡眠不足使你魅力大減？

◎蔡宇哲

一般人常說要睡美容覺，意即若是睡眠不充足的話，整個人看起來就會沒精神、不漂亮。這樣的說法雖然普遍被大眾所接受，然而，這是經由研究證實過的嗎？

另一方面，人臉有數百條肌肉控制著各式各樣的表情，雖然我們可以輕易辨別出他人的喜、怒、哀、樂等基本情緒的表情，但對於更細微的狀態變化是否能夠察覺呢？就如同影集《別對我撒謊》（Lie to me）中，主角可以察覺他人刻意掩飾的微表情（microexpression）一樣。

瑞典卡羅林斯卡學院（KarolinskaInstitutet）的艾索森（John Axelsson）教授進行了一個研究，同時解答了上述兩個疑惑。他想了解一個人在熬夜沒睡後，他人是否可由臉部表情察覺出來。

研究中找了二十三位健康的成人（其中十一位為女性），年齡為十八到三十一歲，讓每個人都各經歷正常睡眠與睡眠剝奪（連續三十一小時維持清醒）兩種操弄，兩次間隔至少一週，每次都固定在下午兩到三點時拍照。拍照時皆需素顏並穿著類似的服裝，以避免外在裝扮造成差異。拍照時參與者必須坐直、臉部放鬆、在無特殊情緒的狀態下直視鏡頭，而這些

要求都是為了避免他人由非表情線索透露出兩種睡眠情境的差異。

拍下來的四十六張照片，由另外六十五位評分者（十八到六十一歲、四十位女性）來評斷，他們並不認識照片中的人，也不會知道他們的狀態是正常睡眠與否，僅針對照片中的人的吸引力、健康與疲勞度三項來進行評分。

結果發現，評分者對於熬夜未睡者所拍的照片覺得比較沒有吸引力，同時在健康與疲勞度上的得分都顯著低於正常睡眠時。且這三項間的相關性非常高，也就是說當照片看起來覺得不健康、疲勞的同時，就會覺得這人缺乏吸引力，這與我們一般人的想法是接近的。

結論很簡單，就算你天生麗質，熬夜沒睡後不會有肌膚暗沉、黑眼圈的問題，但旁人就是有辦法看出其中細微的差異，而這樣的影響對外觀感受而言是負面的，沒睡看起來就是不健康、沒吸引力。

記得，下次要跟心儀的異性約會時，前一晚除了梳洗、敷面膜跟去角質外，給自己一個充足的睡眠，這樣才能讓隔天的自己電力十足，吸引力滿點！

參考文獻：

● Axelsson J, Sundelin T, Ingre M, Van Someren EJ, Olsson A, Lekander M, "Beauty sleep: experimental study on the perceived health and attractiveness of sleep deprived people", *BMJ*, Dec 14, 2010;341:c6614. doi: 10.1136/bmj.c6614.

90 飲酒可以幫助睡眠嗎？

◎蔡宇哲、鄭逸如

不少人都以為喝酒可以幫助睡眠，但這真有其事嗎？飲酒確實可以讓人快點入睡，然而卻會影響入睡後的睡眠結構，在睡眠的前半段會增加慢波睡眠（slow-wave sleep）以及抑制速眼動睡眠（rapid eye movement sleep）；在睡眠的後半段，速眼動睡眠增加而且睡眠會變得比較淺。除此之外，一篇探討酒精對睡眠中自主神經活動影響的研究發現，酒精會妨礙睡眠的回復功能。

一般情況下，晚上入睡後負責放鬆的副交感神經會較活躍，而負責興奮的交感神經則會較不活躍，這樣的轉變使得身體處於放鬆狀態而能夠得到回復。然而，酒精卻改變了這兩者之間的調和關係。

研究者找來十個健康、年齡約為二十二歲的男性大學生，每位都喝三種不同酒精濃度的飲料，分別是：無酒精、低濃度（0.5g/kg）與高濃度（1g/kg），不同濃度的測試需間隔至少一週。在實驗當天會二十四小時持續記錄腦波，參與者必須在上床睡覺前一百分鐘喝下指定的酒精飲料，整晚睡眠紀錄會持續八小時，另分析心跳變異率（heart rate variability, HRV），並計算高頻波及低頻波的比值，以此指標來代表自主神經活動的變化。

結果顯示，酒精會抑制高頻波段的強度，且影響程度與酒精濃度有關，酒精濃度越高，抑制程度就越大。高頻波段代表的是副交感神經活動，也就是說酒精讓副交感神經活動降低了，換言之，生理就變得比較不放鬆。雖然在腦波圖上看起來飲酒之後睡眠的前半夜睡得不錯，但由自主神經活動來看，睡前飲酒可能導致的是不放鬆的睡眠。當酒精攝取量提高的時候，心跳速率跟著提高，心跳變異率各頻段的強度都會降低，同時低頻／高頻波比值會提高，這個比值被視為交感和副交感神經是否平衡的指標。也就是說，酒精會抑制睡眠時副交感神經系統的活動，喝得越多抑制程度也越高，自主神經失衡的情況也就越嚴重。

一般人會認為睡前小酌一杯可以幫助睡眠，特別是可以幫助入睡，但實際上飲酒卻會降低睡眠品質以及破壞睡眠的回復功能，長期飲酒甚至會造成更大的負面影響。這些影響往往是不自覺的，所以常酗酒的人才會誤以為酒精幫助了睡眠，殊不知真實情況剛好是相反的。因此若有睡眠問題，還是趁早尋求諮詢以找出問題，別以喝酒的方式來幫助入睡，這很可能會造成更大的問題啊！

參考文獻：

● Sagawa Y, Kondo H, Matsubuchi N, Takemura T, Kanayama H, Kaneko Y, Kanbayashi T, Hishikawa Y, Shimizu T, "Alcohol has a dose-related effect on parasympathetic nerve activity during sleep", *Alcohol Clin Exp Res*, 2011 Nov;35(11):2093-100. doi: 10.1111/j.1530-0277.2011.01558.x.

91 開燈睡覺，越睡越憂鬱？

◎蔡宇哲、陳奕臻

你晚上會因為怕黑而不敢關燈睡覺嗎？或是時常熬夜工作，等醒來時卻發現自己整夜沒關燈、趴在電腦前睡著了。或許你已經習慣或是太勞累以至於不覺得開燈會讓自己睡不好，不過有研究發現，長期處於光照不正常的環境，會使得情緒與學習能力變差。

人類是日行性動物，生理上內建為白天光線充足時活動、夜晚黑暗來臨後睡覺，這樣的活動形態有助於生理時鐘的穩定。但隨著文明的發展與科技的進步，人們夜晚時也能夠都充滿著光線，這便連帶著出現了一些健康問題，像是長期輪班工作會對身體有不利影響，因此人們都該更加注意到光線對睡眠與健康的影響。除此之外，光線對情緒的調節可能也有所影響，像是居住於高緯度地區的人們，有不少在冬天就會出現季節性憂鬱症（Seasonal affective disorder），會有憂鬱、易焦慮疲倦、嗜睡……等問題。這些問題主要是因為冬天光照不足所引起，等到夏天光線充足或是以光照療法治療後，症狀就會不藥而癒。

雖然知道光線對生理時鐘、睡眠與情緒都有影響，但這些因素相互影響的機制為何，目前尚不清楚，有可能是光線直接同時影響這幾個因素，但也可能是光線影響了生理時鐘與睡眠，而情緒與認知則是透過生理時鐘與睡眠改變才間接受到影響。因此美國約翰霍普金斯大學（Johns HopkinsUniversity）的研究團隊利用小老鼠對此做進一步探討，他們讓小老鼠處於十二小時亮－十二小時暗，或是三點五小時亮－三點五小時暗的光照環境下兩個禮拜，兩者的總照光時數相同，前者是正常光照，後者則是模擬不正常的光照情境。

結果發現，兩組小老鼠的約日節律都維持穩定，睡眠時數也沒有明顯變化，壓力荷爾蒙皮質酮（corticosterone）雖然維持同樣的週期變化，但在不正常光照組的濃度總量卻增加了，這意味著生理感受到壓力增加。另外，不正常光照的小老鼠儘管有相同時數的睡眠，但牠們對糖的攝取量與活動性都大幅度降低，這對小老鼠而言是憂鬱症狀的表現。而在學習的表現上，不正常光照組的小老鼠學習表現也明顯較差。總結來說，不正常光照雖然對於生理時鐘與睡眠沒有太大影響，但依然對壓力、情緒與學習有顯著的負面影響。

之後，研究人員讓受到不正常光照的小老鼠服用抗憂鬱劑，結果發現牠們的學習能力又恢復了！因此學習能力的下降可能是建立在心情鬱悶或壓力過大的基礎下，而換句話說，心情好了學習效率也會跟著恢復了。

雖然人與小老鼠的生理結構不同，但兩者的光照影響途徑是類似的，因此人們也可能會像小老鼠一樣，因為不正常的光照而使得情緒與學習受到影響哦。

所以，還在挑燈夜戰的人們，該關燈時還是乖乖地上床睡覺吧！

參考文獻：

● LeGates TA, Altimus CM, Wang H, Lee HK, Yang S, Zhao H, Kirkwood A, Weber ET, Hattar S, "Aberrant light directly impairs mood and learning through melanopsin-expressing neurons", *Nature*, Nov 22, 2012;491(7425):594-8. doi: 10.1038/nature11673.

92 睡眠充足可減緩疼痛？

◎蔡宇哲

相信大家一定有過身體某部分疼痛的經驗，而女性更是辛苦，每個月會有幾天因為月經來臨而腹脹腰痠，甚至痛到在床上打滾，此時更常會陷入「吃藥傷身、不吃傷神」的兩難。有時朋友會勸你先去躺一下，以睡覺來逃避疼痛，認為睡著了就不會感覺到痛。但睡眠跟疼痛之間真的有關係嗎？二〇〇八年一篇發表於《疼痛》期刊（*Pain*）的調查研究指出，若前一天晚上睡眠時數少於六小時或多於九小時的話，白天就比較容易感覺到疼痛。這樣的相關透露了睡眠太多或睡不夠都可能會影響人們對疼痛的敏感度。但這畢竟只是相關結果，並無法確知睡眠量充足是否真的會影響疼痛敏感度。爾後有一篇以實驗室研究進行的研究結果也支持了這個看法，認為充足的睡眠不僅可降低白天的睏睡程度，也可以降低疼痛敏感度。

此研究一共找了十八位參與者，他們本身都沒有任何疼痛問題，但因平常睡眠時數略為不足，因此白天都有輕微睏睡的情形。進行實驗時，所有人被隨機分為兩組：一組是連續四天，每晚都照自己原本的睡眠時數入睡，另一組則是連續四天，每晚都可以躺床睡十小時，也就是讓他們睡到飽，接著每組在第一和第四天時測試其睏睡度與疼痛敏感度。睏睡度以多次入睡時間測試（Multiple Sleep Latency Test）來評估其白日入睡時間長短，越快睡著代表睏睡度越高；疼痛敏感度則讓參與者的手指接近熱刺激（radiant heat stimulus），若能停留的時間越長，表示疼痛敏感度越低，越能夠忍受疼痛。

結果發現，睡飽組比正常組每晚多睡了一點八小時，而當然睡得越久，他們白天的睏睡度也就越低。另外，也發現睡飽組將手移開熱刺激的時間延長了25%，表示他們更能夠忍受疼痛，也就是對疼痛的敏感度降低了。雖然目前還不知道睡得飽跟疼痛敏感度之間的機制如何，但這樣的結果也確實提供了一個充足睡眠的好理由。

不過要注意的是，睡眠充足並不是指睡越久越好。確實有不少人會以睡覺，甚至服用助眠藥物來入睡以躲避疼痛，這麼做或許會有短期減緩疼痛的效果，但時間一長就可能會擾亂睡眠恆定性與生理時鐘，嚴重的話反而會導致失眠或無法入睡，如此一來，睡得少就更容易感到疼痛了。

你也有身體疼痛不適的問題嗎？先讓自己睡飽就對了！

參考文獻：

● Edwards RR, Almeida DM, Klick B, Haythornthwaite JA, Smith MT, “Duration of Sleep Contributes to Next-Day Pain Report in the General Population”, *Pain*, 2008 Jul;137(1):202-7. doi: 10.1016/j.pain.2008.01.025.

● “Pain sensitivity and recovery from mild chronic sleep loss”, ***Sleep***, 2012;35(12):1667-72.

93 午睡有助於幼兒情緒穩定？

◎蔡宇哲、梁浩邦

你有發現幼兒在午後會變得易吵鬧、情緒不穩定嗎？此時，他需要的可能不是牛奶、尿布或抱抱，而是一次安穩的午睡。

幼兒一天通常需要十二小時以上的睡眠，除了夜晚外，通常會安排白天午後給他一段時間午睡。午睡不僅可補足充分的睡眠時間，也可幫助幼兒情緒變得比較穩定。有一項研究顯示，平時有午睡習慣的幼兒若不讓他睡的話，會影響午後的情緒，變得較為焦慮、不悅。

研究者找了十位約三歲大的幼兒，每個幼兒都需要在有午睡和沒午睡的情況下進行作業，他們被要求觀看會誘發情緒的圖片（五張正向，三張中性，三張負向）和進行拼圖遊戲（一為可解，

另一則為不可解）。將幼兒進行作業時的表情錄下，再交由另一群不知實驗過程的研究員來評定他們的情緒反應。

結果發現，這群幼兒平時大約午睡一個半小時到兩小時，若一天不讓他們午睡的話，下午正向情緒反應會降低、負向情緒反應卻提高了，且在進行不可解拼圖時較少出現困惑表情。乍看之下，較少困惑好像是好的結果，不過，困惑表情未必是不好的，因為這表示幼兒能發現不對勁之處，有助於增強解決問題的動機，並與未知環境互動。

初為父母者要了解到嬰幼兒跟自己不同，他們所需睡眠時數遠較成年人多，白天一次的小睡不僅可補足睡眠時間，也有助於穩定情緒。為了不要讓可愛的天使變成吵鬧的魔鬼，請記得給他們安穩的午睡吧！

參考文獻：

● Berger RH, Miller AL, Seifer R, Cares SR, LeBourgeois MK, "Acute sleep restriction effects on emotion responses in 30- to 36-month-old children", *J Sleep Res*, 2012 Jun;21(3):235-46. doi: 10.1111/j.1365-2869.2011.00962.x.

94 睡眠不足使得食欲增加？

◎蔡宇哲、陳怡臻

你是否在熬夜時會特別想吃東西呢？一項由瑞典烏普薩拉大學（Uppsala University）所發表的研究指出，人們整晚熬夜不睡的話，在看到食物時，大腦中與食欲相關的區域會特別活躍，可能因此而吃了過多的食物。因此長期睡眠不足的話，將有可能增加肥胖的風險！

該研究團隊先前的研究顯示，整晚不睡覺會使得隔天早上的飢餓程度增加，這顯示睡眠不足除了影響生理上的代謝外，也可能會影響人們對於食物的心理感受。而這飢餓的心理感受是否對應於大腦的特定區域，是這個研究首要了解之處。

研究者找了十二位體重正常的男性，在正常睡眠以及整晚熬夜不睡的情境下，讓他們觀看食物或非食

物的圖片，並以功能性磁振造影記錄他們看到影像時的大腦活動，同時也會評估參與者實驗前後的飢餓感受。

結果顯示整晚不睡確實會明顯提高飢餓感受，而在看到食物影像時，右側前扣帶回皮質（anterior cingulate cortex）的活動會較活躍。這個區域在先前研究就已發現與對食物的感受有關，這個腦區的活動增加與實驗前參與者的飢餓程度與血糖濃度無關，但卻與實驗後的食欲呈現正相關，因此可推論這是受到熬夜沒睡的影響所致。

睡眠不足與肥胖兩者在現今社會皆是日益嚴重的問題，這個研究結果或許可以解釋為何長期的睡眠不足使得肥胖的可能性增加，一個原因是睡不夠就比較讓人容易感到飢餓而吃了較多的食物。因此，每天擁有充足的睡眠不僅能讓你精神飽滿，也是讓你維持好身材不貪吃的重要因素。

參考文獻：

● Benedict C, Brooks SJ, O'Daly OG, Almèn MS, Morell A, Åberg K, Gingnell M, Schultes B, Hallschmid M, Broman JE, Larsson EM, Schiöth HB, "Acute sleep deprivation enhances the brain's response to hedonic food stimuli: an fMRI study", *J Clin Endocrinol Metab*, 2012 Mar;97(3):E443-7. doi: 10.1210/jc.2011-2759.

95 想要贏球就要睡飽？

◎蔡宇哲、孫嘉璸

許多球員終日鍛鍊以精進球技，無非是希望有朝一日能在球場上大顯身手並獲得勝利。當球技精進到某個程度時，要有好表現就需要更細緻的內外在因素都能配合才行。史丹佛大學醫學院在大學運動員身上便發現，關鍵的因素就是「要睡飽」，經由睡眠時數的增加，球員在球場上的表現也會隨之提升。

睡眠不足的壞處早就眾所皆知，先前許多研究都指出睡眠債務（sleep debt）對於人們認知表現有著負面影響，可惜大多數研究都是探討睡眠減少所帶來的負向影響，很少有研究討論睡眠增加對各方面表現是否有提升的效果，更少有針對運動員的研究。其實不管是運動員或教練都知道睡眠是重要的，但是運動員每天努力地訓練體能與技巧來提升表現，卻往往忽略了睡眠，認為浪費時間睡覺還不如多練習比較有效，直到比賽前一天才有機會聽到教練對他說：「明天要比賽了，今晚就好好睡一覺吧。」但是，多訓練少睡覺真的能有比較好的表現嗎？

研究者馬哈（Mah）與睡眠專家迪曼（William Dement）合作，他們邀請了十一名無睡眠困擾的大學男性籃球員，觀察在兩個球季間，球員們睡眠時數增加對運動表現、反應時間

和白日睏睡度的影響。

在研究進行前，先讓球員填寫睡眠相關量表，發現在白天有中高度的睏睡，這表示他們原本是處於長期睡眠不足的狀態，而累積了一定程度的睡眠債務。研究分別讓球員們維持自己平常的睡眠（每晚睡六到九小時）二到四週，接下來可延長睡眠時間至每晚十小時，並維持五到七週，這期間也要求禁止攝取酒和咖啡因等刺激性飲料以避免干擾睡眠。分別在兩種睡眠狀況下測量球員們的體能與球技表現，結果發現，在睡眠時數平均增加一百一十分鐘後，這些球員的短跑速度變快、投籃命中率提升九個百分點、疲勞程度也下降了，同時球員們也都覺得自己在場上的表現變得更好。

由此可知，睡眠充足確實是運動員的根本，在這種狀態下才能展現出最好的成果。國內外運動員都應更重視睡眠，在平時就要有充足的睡眠，而不僅在比賽前幾天睡飽，如此才能夠不枉平時的努力訓練，有最佳的技能表現。

參考文獻：

● Mah CD, Mah KE, Kezirian EJ, Dement WC, "The effects of sleep extension on the athletic performance of collegiate basketball players", *Sleep*, 2011;34(7):943-950.

96 一邊睡覺一邊複習有用嗎？

◎蔡宇哲、林弘庭

許多人夢寐以求的就是能夠一邊睡覺、一邊學習新事物，雖然到目前為止，並未有合適的方法可以做到，不過邊睡邊複習在某些情況下卻似乎是可行的。西北大學的研究團隊發現，若在睡眠中重複播放已學習過的資訊，是有可能讓動作記憶變得更好。

人們在學習之後就是要常常複習，讓這個記憶能夠更深刻，日後得以完美地表現出來。但複習要花的時間太多了，清醒時要學新的事物還要複習之前學過的，實在會讓人大嘆時間真是不夠用啊！是否有可能借用睡眠的時間來複習呢？對此，西北大學的研究者假設，在睡眠中直接給予跟學習時相同的刺激來複習，有可能對學習有幫助，讓記憶更為提升。

他們選用的作業與動作記憶有關，這類似於一般人在學習樂器彈奏的情況。實驗共分為高音、低音與無聲音三組，參與者需學習配合聲音旋律來按鍵。作業進行就類似太鼓達人之類的音樂遊戲一般，需以左手在正確的節拍時進行反應，若在正確的時間點按鍵就會出現對應的聲音回饋。在學完作業後會有九十分鐘時間的小睡，期間同時以腦波來確認他們的睡眠狀態。等他們進入慢波睡眠後，以不至於干擾睡眠的音量隨機播放其中一種旋律並重複二十次，等睡醒後讓參與者再做一次相同的作業。

結果發現，小睡之後，兩種旋律的反應正確率都提高了，但是在睡眠中有複習的那一種旋律則會明顯比沒複習的要來得更好！這樣的結果支持了研究者的假設——睡眠中複習能夠幫助記憶提升。同時，腦波分析亦發現慢波睡眠、紡錘波與表現提升呈現正相關，這些訊號可能反映了睡眠時腦區重新活躍的機制，睡眠時腦部的重新活動有助於記憶的形成。

這樣的結果不禁令人聯想到了坊間以訛傳訛的「一邊睡眠、一邊學習」的記憶法，但在這邊必須強調的是，該研究的結果是讓清醒時已學習過的記憶，在睡眠時複習而提升表現，並不是在睡眠中學習新事物。同時，人的記憶有許多種類，每種記憶的特性不見得相同。此研究是針對動作記憶，為內隱記憶（implicit memory）的一種；一般常見的念書、背書，則是屬於陳述性記憶，為外顯記憶（explicit memory）的一種，兩者特性並不盡相同。

不妨試試看，在睡眠時重複並輕聲地播放你所念的英文句子，或許醒來後，你會發覺自己念得更流暢了！

參考文獻：

● Antony JW, Gobel EW, O'Hare JK, Reber PJ, Paller KA, "Cued memory reactivation during sleep influences skill learning", *Nat Neurosci*, Jun 26, 2012;15(8):1114-6. doi: 10.1038/nn.3152.

97 睡眠時數過短與認知功能受損有關？

◎蔡宇哲、周雅文

你常常在床上翻來覆去睡不著，覺得白天的注意力變差了嗎？那麼你得要更注意自己的睡眠了。有研究顯示，無論是否自覺有失眠困擾，只要睡眠時數少於六小時，那麼神經心理功能也會明顯較差。

許多的失眠者都會抱怨他們的認知功能、注意力和專心程度都有影響，但造成失眠的原因眾多，因此其影響機制和造成的結果，目前仍難以有一致性的答案。由於失眠者的睡眠情況差異很大，有些人自己覺得失眠但實際上睡得還算多，而有些人睡得很少，但並不覺得自己失眠。是主觀感覺失眠的影響比較大，還是實際睡得少的影響比較大呢？有研究就針對長期失眠者與睡眠時數長短在神經心理功能的影響進行探討。

參與者有正常組與失眠組兩種，失眠組的納入條件是自身會抱怨有失眠問題長達一年以上的人，這兩組各再細分為睡眠時數正常（長於六小時）跟過短（短於六小時），因此會有正常組－時數正常、正常組－時數短、失眠組－時數正常與失眠組－時數短共四組。每位參與者在晚上七點左右進行五種神經心理測驗，包括簡易智能測驗（Mini-Mental State Examination）、符號數字模組測驗（Symbol Digit Modalities Test）、路徑描繪測驗（Trail Making Test）、班頓視覺回憶測驗（Benton Visual Retention Test）與語言流暢測驗（Thurstone Word Fluency Test）。透過這些來了解參與者的整體認知功能、訊息處理速度、注意力、視覺記憶和語言流暢度。接著還會在實驗室睡一晚，並進行多頻道睡眠生理紀錄（Polysomngraph）。

結果發現在入睡時間、睡眠中斷時間、總睡眠時數、清醒時數與睡眠效率這幾項指標上，睡眠時數正常的兩組都很相近（不管是自覺正常或失眠），而睡眠時數較短的兩組也很相近，但都明顯比時數正常組來得差（同樣不管是自覺正常或失眠）。這表示有些自以為有失眠的人其實在睡眠上沒有太大問題，而另外有些自以為睡眠正常的人其實很有問題！所以大家評估自身睡眠好壞時不能端賴自己的感覺，需要更好的指標，而由這個研究結果看來，睡眠時數長短正是個不錯的區分指標。

除了睡眠以外，在神經心理功能上也有同樣的結果，只要是睡眠時數正常的，無論自認是否有失眠，其表現都很相近；而睡眠時數短者，無論是否自覺有睡眠困擾，在注意力與反應速度上的表現都會明顯較差。

常有人說：「相信你的直覺」，或許在生活中很多事情都能夠靠直覺來下判斷，但這句話不全然是對的，至少在失眠感受與白日功能上不是如此。總結來說，不管你是否自認有失眠困擾，一旦睡覺時間小於六小時，就有可能會造成神經心理功能的損害。因此，當你下次發現自己沒辦法專注或反應遲鈍時，記得多睡一點吧，也許情況就會好多了。

參考文獻：

● Fernandez-Mendoza J, Calhoun S, Bixler EO, Pejovic S, Karataraki M, Liao D, Vela-Bueno A, Ramos-Platon MJ, Sauder KA, Vgontzas AN, "Insomnia with objective short sleep duration is associated with deficits in neuropsychological performance: a general population study", *Sleep*, 2010 Apr;33(4):459-65.

98 社會性時差讓你變胖？

◎陸子鈞

每逢假日，你就會睡得比平時晚，作息差異很大嗎？小心這樣的「社會性時差」會打亂你正常的生理時鐘，使你體重過重。

「社會性時差」（social jetlag）是指我們的正常睡眠時間和上課或工作的時間不同。以週末假日來說，我們普遍會較平日還晚個幾小時起床，直到週一來臨，我們才又回復早起。假日和平日的作息差異，已經讓體內的生理時鐘像是穿梭在不同時區之間。

「社會性時差」會影響我們的健康嗎？當我們的生活模式和正常生理時鐘牴觸，會傾向抽菸、飲酒還有喝大量咖啡來維持清醒。

德國慕尼黑大學（University of Munich）的生理時鐘專家羅納保（Till Roenneberg）和研究團隊，在網路上收集了上萬筆睡眠狀況和其他行為的問卷，想看看睡眠時數如何在工作天及假日間補償。從收集到的資料，研究團隊還建立了一套數學模型，能找出年齡、性別、睡眠長度、社會性時差和體重的相關性，其中年齡、性別、睡眠長度是和體重最有關的三個因素。不過結果卻發現，如果受測者的體重正常，就無法從社會性時差推測出他的體重。

研究團隊還發現一項有趣的事實：不論什麼年齡層的受測者，和二〇〇二年相比，二〇一〇年時都平均晚了二十分鐘就寢，但學校和工作時間卻沒有改變，表示這幾年間，社會性時差增加了。如果人們減少待在戶外的時間，身體較少接觸到自然光，就難以調整生理時鐘，讓自己早睡。

社會的作息也影響我們飲食的規律。在工作日，因為早起，吃早餐的時候身體可能還停在夜晚的狀態，所以在不對的時間進食，可能會干擾消化系統運作，這或許跟過胖有關。這項發現特別適用於青少年，因為他們自然的生理時鐘週期較長，比學校的作息還晚，因此青少年比其他年齡層的人更有社會性時差的問題。

過去發現輪班工作者常有健康風險，且工作及非工作時段的睡眠狀況差異很大。而這項研究結果顯示，不光是輪班工作這樣極端作息的族群，甚至平常週末及週間的睡眠差異，就足以影響健康了。

跨時區旅行造成的時差可以在一兩天內調整過來，但社會性時差這個生理時鐘問題卻會週而復始地隨著每週的工作開始而出現。看來，只有找份可以累的時候睡、睡到自然醒的工作，才能解決這問題了。

參考文獻：

● Till Roenneberg, Karla V, Allebrandt, Martha Merrow, Céline Vetter, “Social Jetlag and Obesity”, *Current Biology*, 22 May, 2012, Vol. 22, Issue 10, pp. 939-943.

99 無肉令人瘦，但少睡令人胖？

◎蔡宇哲

很多嘗試減重的人都會有一些奇怪的觀念跟行為，譬如有些人會以為少睡一點就會變瘦，他們的邏輯依序是這樣的：1.人體清醒時所消耗的熱量比睡眠時要來得多→2.清醒時間越長，所消耗的熱量也就越多→3.消耗熱量越多，就越容易瘦→4.所以，少睡一點就會變瘦。前三點都是對的，但偏偏到了第四點的結論就是錯的。為什麼呢？其中一個原因就是因為萬惡的宵夜啊！

先前已有不少研究都支持睡眠不足與肥胖之間有高相關性，賓州大學心理學系便完成了一個很難得的研究，他們發現睡眠不足與肥胖間不只是高相關，而且是因果關係——當睡眠不足時易導致肥胖，而變胖可能與吃宵夜有關。這個研究共邀請了兩百二十五位健康不肥胖的人，其中一百九十八位經歷連續五天、每天都只睡四小時（04:00-08:00）的睡眠不足情境，另有二十七位持續五天正常睡眠時數。睡眠限制連續五天都只由四點睡到八點，只睡四小時，而實驗期間，食物是二十四小時供應的，參與者可以任意進食。在還不能睡覺時，參與者可以任意走動，但不能做激烈運動，可以從事閱讀、看電視、玩game……等靜態活動。

結果發現，睡眠不足會讓人變胖，經過五天睡眠不足後，一百九十八名參與者平均體重增加了將近一公斤，遠比二十八位睡眠正常者增加的零點一公斤明顯要來得多，同時男性增加的體重也比女性多。而在進食熱量方面，睡眠正常組並沒有什麼變化，但睡眠不足組在睡得比較少的那五天中，攝取熱量由原本的兩千五百大卡增加到三千大卡左右，多出來的這五百大卡主要來自於晚上不睡時所吃的宵夜（22:00-03:59），其餘清醒時段進食熱量則沒有太大差異。不僅如此，宵夜也傾向選擇吃脂肪較高、蛋白質與碳水化合物較低的食物，或許這也解釋了為何雞排、鹹酥雞在台灣那麼流行，因為人會不自主地選擇高脂肪食物當宵夜。值得慶幸的是，待睡眠時數恢復正常後，進食熱量亦會隨之恢復正常。

所以，你以為這一切都是雞排宵夜的錯，只要不吃就可以少睡、變瘦了？但事情並沒有那麼簡單。研究也顯示了當你睡眠不足或睏睡時，食欲會變得比較旺盛，難以抵抗食物的誘惑，這就使得熬夜不吃宵夜這件事變得難上加難了，我想有過熬夜經驗的人都很能同理這件事。所以，想減重還是別打不睡的主意了，況且充足睡眠還能減少肥胖基因的影響力！還是好好睡一覺，隔天起床乖乖地運動吧！

你常晚睡上網嗎？把放到嘴邊的宵夜拿開吧，不然肥胖可是很快就會找上你的。

參考文獻：

● Spaeth AM, Dinges DF, Goel N, “Effects of Experimental Sleep Restriction on Weight Gain, Caloric Intake, and Meal Timing in Healthy Adults”, *Sleep*, Jul 1, 2013;36(7):981-990.

國家圖書館出版品預行編目資料

不腦殘科學 / PanSci 泛科學網專欄作者群 著. --
初版. --
臺北市：平安文化, 2013. 12 面；公分. --
（平安叢書；第 431 種）（TOPIC 話題書；11）
ISBN 978-957-803-889-9（平裝）

1. 常識手冊

046 102022749

平安叢書第 0431 種
TOPIC 話題書 11

不腦殘科學

作　　者—PanSci 泛科學網專欄作者群
發 行 人—平雲
出版發行—平安文化有限公司
台北市敦化北路 120 巷 50 號
電話◎ 02-27168888
郵撥帳號◎ 18420815 號
皇冠出版社（香港）有限公司
香港上環文咸東街 50 號寶恒商業中心
23 樓 2301-3 室
電話◎ 2529-1778　傳真◎ 2527-0904
責任主編—龔橞甄
責任編輯—張懿祥
美術設計—程郁婷
著作完成日期— 2013 年 10 月
初版一刷日期— 2013 年 12 月
初版六刷日期— 2018 年 01 月
法律顧問—王惠光律師

讀者服務傳真專線◎ 02-27150507
電腦編號◎ 503011
ISBN ◎ 978-957-803-889-9
Printed in Taiwan
本書定價◎新台幣 260 元 / 港幣 87 元